77가지 퀴즈로 만나는 초등 교과서 개념 사전
풀고 싶은 퀴즈 알고 싶은 수학

1판 1쇄 2024년 4월 1일 **1판 3쇄** 2024년 6월 3일

글 정왕근 **그림** 김도현
펴낸곳 도서출판 키움 **펴낸이** 김준성
주소 경기도 파주시 회동길 325-16
등록 2003.6.10(제18-144호) **전화** 02-887-3271,2 **팩스** 031-941-3273
홈페이지 www.kwbook.com
ISBN 978-89-6274-596-2 (74410)

ⓒ 2024 도서출판 키움
· 이 책에 실린 모든 글과 그림을 저작권자의 허락 없이 무단으로 복제, 복사, 배포하는 것은
  저작권자의 권리를 침해하는 것입니다.
· 파본은 구매하신 곳에서 교환하실 수 있습니다.

77가지 퀴즈로 만나는 초등 교과서 개념 사전

풀고 싶은 퀴즈 알고 싶은 수학

글 정왕근 그림 김도현

키움

작가의 말

우리는 수학을
왜 배워야 할까요?

수학을 알면 세상이 보인다!

직장에서 일하고 돈을 벌 때, 마트에서 물건을 사고팔 때, 은행에 돈을 맡기거나 빌릴 때 우리는 수학을 사용해요. 국민의 대표를 뽑는 선거를 치르거나 각종 운동 경기를 진행하고 기록할 때, 심지어 음악을 만들 때도 우리는 수학을 사용하지요. 수학은 과학자나 경제학자에게만 필요한 것이 아니라, 세상을 살아가는 우리 모두에게 필요한 학문이랍니다.

수학을 외우려고 하면 '수포자'가 된다!

하지만 수학을 공부하다가 '수포자'(수학을 포기한 사람)가 되는 사람이 많아요. 애초에 개념을 이해하려 하지 않고, 방법을 외우는 것에 초점을 맞추어 공부한 것이 가장 큰 원인이에요. 곱셈구구 9×8=72는 외우지만, 사람 9명이 탄 버스가 8대 있을 때 버스에 탄 사람이 모두 몇 명인지 물으면 어렵다고 포기해요. 포기하지 말아요. 수학은 기본 개념을 정확하게 이해하면 문제를 해결하는 방법이 저절로 따라옵니다.

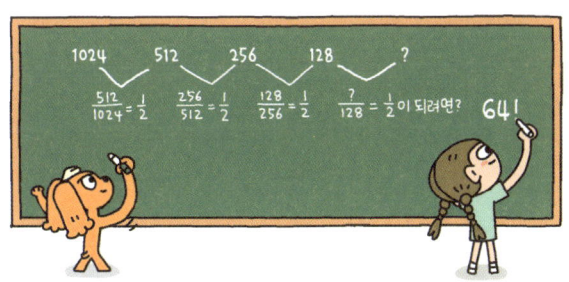

퀴즈로 배우는 수학

어떤 분야든 기본을 제대로 배우는 것은 힘들고 지루할 수 있어요. 수학의 기본 개념 역시 마찬가지죠. 하지만 너무 걱정하지 말아요. 여러분이 수학 개념을 조금 덜 지루하게 공부하고, 더 재미있게 수학 호기심을 키울 수 있도록 퀴즈를 준비했으니까요.

이 책과 함께하는 동안 우리 친구들이 수학과 가까워지고, 수학을 좋아하는 마음이 조금 더 커지기를 바랍니다.
자, 이제 책을 펼쳐 신나는 수학 여행을 떠나 볼까요?

2024년 4월
정왕근

 이 책의 활용법

초등학교 선생님이 뽑은 **교과서 개념 77가지**를 퀴즈로 즐겨 보자!

1 호기심 퀴즈

재미있는 만화풍의 그림을 곁들인 사지선다형 상식 퀴즈! 알 듯 말 듯 알쏭달쏭한 퀴즈를 풀다 보면 어느새 호기심이 팡팡 터지고 지식이 차곡차곡 쌓여요.

 보너스 팁

단원별 마무리 활동

단원이 끝나면 배운 내용을 정리해요. 수 감각을 키우는 수학 퍼즐, 실생활에 두루 사용하는 단위 퀴즈 등을 풀면서 사고력을 높이고 성취감을 느껴요!

정답 ❷ 기약분수는 이미 약분한 분수라는 뜻으로, 더는 나눌 필요가 없는 분수예요.

약분

분수의 분모와 분자를 그 공약수로 나누는 일

약분이란 분자와 분모의 수가 클 때, 두 수의 공약수로 나눠서 간단한 형태로 나타내는 것을 말해요.
예를 들어 $\frac{18}{24}$은 18과 24의 공약수 2로 약분하여 $\frac{9}{12}$로 나타낼 수 있어요.
여기에 9와 12의 공약수 3으로 한 번 더 약분하면 $\frac{3}{4}$로 더 간단히 나타낼 수 있지요. 3과 4의 공약수는 1밖에 없으므로 더는 약분할 수 없어요.
$\frac{3}{4}$처럼 이미 약분을 마쳐서 더는 약분이 되지 않는 분수를 **기약분수**라고 한답니다.

$$\frac{18}{24} = \frac{18 \div 2}{24 \div 2} = \frac{9 \div 3}{12 \div 3} = \frac{3}{4}$$ ← 기약분수

OX퀴즈 단 한 번의 약분으로 기약분수를 만들 수 있다?
정답 ⭕ **최대공약수로 약분**하면 한 번에 기약분수를 만들 수 있어요.
$\frac{18}{24}$은 18과 24의 최대공약수 6으로 약분하면 단 한 번에 $\frac{3}{4}$이 됩니다.
18의 약수 : 1, 2, 3, 6, 9, 18
24의 약수 : 1, 2, 3, 4, 6, 8, 12, 24
18과 24의 최대공약수는 6이니까

$\frac{18}{24}_{\div 6} = \frac{3}{4}$

46

2 명쾌한 해설

앞에 나온 상식 퀴즈의 정답을 간결한 설명으로 명쾌하게 풀어 이해가 쏙쏙!

3 한 줄 정리

핵심 내용을 한 줄로 정리해 상세한 내용을 읽지 않아도 77가지 교과서 개념이 잡혀요.

4 개념 설명

퀴즈로 연결한 교과서 개념을 조금 더 풀어서 설명해요. 교과서에서 다루는 내용보다 깊이 있는 정보를 배워요.

우오웃! **퀴즈**로 잡는 **교과서 개념** 이라니~!

궁금한 건? 찾아보기

앞에서 배운 교과서 개념과 관련 용어를 가나다순으로 정리해 사전처럼 찾아보기 좋아요.

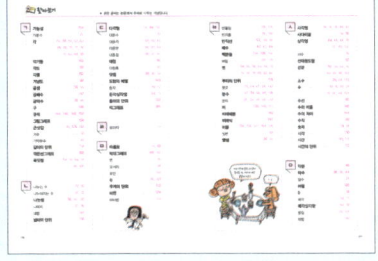

7

 **차례**

- 작가의 말 4
- 이 책의 활용법 6

1장 교과서 속 수와 연산 이야기

- **01** 원시인은 **수**를 어떻게 표현했을까? 수와 숫자 ·········· 13
- **02** **자연수**와 짝수의 관계를 바르게 설명한 것은? 자연수 ·········· 15
- **03** 0을 설명한 것으로 틀린 것은? 0 ·········· 17
- **04** 나라별 **소수** 표기법이 잘못된 것은? 소수 ·········· 19
- **05** **나누어지는 수**와 **나누는 수**를 하나로 표현할 수 있는 수는? 분수 ·········· 21
- **06** **소수**와 **분수**에 대해 바르게 설명한 것은? 소수와 분수 ·········· 23
- **07** **0보다 1 작은 수**는 어떻게 나타낼까? 음수 ·········· 25
- **08** 왜 **덧셈** 기호는 **+**일까? 덧셈과 뺄셈 ·········· 27
- **09** **구구단**은 왜 외울까? 곱셈 ·········· 29
- **10** 한 칸에 나무가 **똑같이** 들어가도록 선 2개만 그려서 네 칸으로 나누려면? 나눗셈 ·········· 31
- **11** 붕어빵을 **가장 많이** 먹은 동물은? 혼합 계산 ·········· 33
- **12** 양 9마리를 **남김없이** 똑같이 **나누어** 줄 때, 불가능한 방법은? 약수 ·········· 35
- **13** 연필 8자루와 지우개 12개로 만들 수 없는 **세트**는? 공약수 ·········· 37
- **14** **배수**에 대해 잘못 말한 것은? 배수 ·········· 39
- **15** **공배수**에 대해 바르게 설명한 것은? 공배수 ·········· 41
- **16** **약수**와 **배수**를 바르게 설명한 것은? 약수와 배수 ·········· 43
- **17** **기약분수**는 무슨 뜻일까? 약분 ·········· 45
- **18** **통분**에 대해 바르게 설명한 것은? 통분 ·········· 47

사칙 연산으로 푸는 포포즈 게임 49

2장 교과서 속 도형 이야기

- ⑲ **선분, 직선, 반직선**에 대해 바르게 설명한 것은? 선분, 직선, 반직선 ········ 51
- ⑳ **변**이 **꼭짓점**에게 하는 말로 적절하지 않은 것은? 변과 꼭짓점 ············ 53
- ㉑ **각**에 대한 설명으로 틀린 것은? 각 ················· 55
- ㉒ 각도기를 이용하여 **각도**를 잴 때, 각 ㄱㄴㄷ의 크기는 어떻게 읽을까? 각도 ···· 57
- ㉓ **수직**과 **수선**에 대해 잘못 말한 것은? 수직과 수선 ············· 59
- ㉔ 철길의 두 선로는 왜 **평행선**이라고 할 수 없을까? 평행 ············ 61
- ㉕ **삼각형**에 대해 바르게 설명한 것은? 삼각형 ············· 63
- ㉖ 그림 속 **직각삼각형** 2개로 만들 수 없는 도형은? 직각삼각형 ·········· 65
- ㉗ **이등변삼각형**의 모양을 활용하지 않은 것은? 이등변삼각형 ·········· 67
- ㉘ **정삼각형**에 대해 바르게 설명한 것은? 정삼각형 ············· 69
- ㉙ **예각삼각형**, **둔각삼각형**에 대해 바르게 설명한 것은? 예각삼각형과 둔각삼각형··· 71
- ㉚ 사다리꼴, 평행사변형, 마름모, 정사각형이 모두 될 수 있는
  사각형은? 사각형 ················ 73
- ㉛ 두 **도형**을 동시에 표현할 수 있는 말이 아닌 것은? 직사각형과 정사각형 ······ 75
- ㉜ 그림 속 **사다리꼴**은 모두 몇 개일까? 사다리꼴 ·············· 77
- ㉝ **평행사변형**을 바르게 말한 동물은 누구일까? 평행사변형 ·········· 79
- ㉞ **마름모**에 대해 바르게 설명한 것은? 마름모 ··············· 81
- ㉟ 벌집이 **육각형**인 이유는? 다각형과 정다각형 ··············· 83
- ㊱ 맨홀 뚜껑이 **원형**인 이유는? 원 ·················· 85
- ㊲ 두 도형이 **합동**인 경우는 언제일까? 합동 ··············· 87
- ㊳ 사람이나 동식물의 세계에 **좌우 대칭** 형태가 많은 이유는? 대칭 ········ 89
- ㊴ **선대칭도형**의 대칭축을 잘못 그린 것은? 선대칭도형 ············ 91
- ㊵ **점대칭도형**만 참가하는 올림픽에 잘못 나온 도형은? 점대칭도형 ········ 93
- ㊶ 주사위는 왜 **정육면체**일까? 직육면체와 정육면체 ············· 95
- ㊷ 정육면체를 만들 수 없는 **전개도**는 어떤 것일까? 겨냥도와 전개도 ······· 97
- ㊸ 세상에 존재하는 **정다면체**는 모두 몇 종류일까? 정다면체 ·········· 99
- ㊹ **각기둥**과 **각뿔**의 공통점은? 각기둥과 각뿔 ·············· 101

㊺ **원기둥**이 아닌 것은? 원기둥과 원뿔 ······ 103
㊻ 정오각형 12개와 정육각형 20개로 만든 **축구공**은 어떤 입체도형일까? 구 ······ 105

쌤이 뽑은 교과서 속 개념 노트 107

3장 교과서 속 측정 이야기

㊼ 불교 경전 아비달마대비바사론에 나오는 **시간**의 최소 단위는? 시각과 시간 ······ 109
㊽ **1시간**은 왜 60분일까? 시간의 단위 ······ 111
㊾ **길이**를 나타낼 때 미터법을 사용하지 않는 나라는? 길이의 단위 ······ 113
㊿ 세계에서 국토가 가장 **넓은** 나라는? 넓이의 단위 ······ 115
(51) 정육면체의 모서리 길이가 2배로 길어진다면 **부피**는 얼마나 커질까? 부피의 단위 ······ 117
(52) □+△+○는 얼마일까? 들이의 단위 ······ 119
(53) □−△+○는 얼마일까? 무게의 단위 ······ 121
(54) 숫자 5가 **포함**되지 않는 경우는? 이상, 이하, 초과, 미만 ······ 123
(55) **근삿값**의 크기가 다른 수는? 근삿값 ······ 125
(56) **어림**을 제대로 한 사람은 누구일까? 어림 ······ 127

교과서 개념이 쏙 담긴 단위 퀴즈 129

4장 교과서 속 규칙성과 자료 이야기

(57) 인간이 가장 아름다움을 느낀다는 1:1.618의 **비율**을 부르는 말은? 비 ············ 131

(58) **비율**을 표현하는 형식으로 적절하지 않은 것은? 비율 ············ 133

(59) 신발을 **가장 싸게** 산 사람은 누구일까? 백분율 ············ 135

(60) 자전거 바퀴 **둘레**를 제대로 측정하지 못한 사람은? 원주율 ············ 137

(61) **식**이라는 이름을 붙일 수 있는 것은? 비례식 ············ 139

(62) **가장 큰돈**을 번 경우는? 비례배분 ············ 141

(63) **수 배열**의 **규칙**에 따라 17 다음에 들어올 수 있는 수는? 규칙 찾기❶ 수의 차이 ············ 143

(64) 파란 상자에 담긴 초콜릿은 **모두** 몇 개일까? 규칙 찾기❷ 수의 비율 ············ 145

(65) **다섯째**에 알맞은 **도형**에서 파란 삼각형의 수는? 규칙 찾기❸ 도형의 배열 ············ 147

(66) **규칙**을 찾기 어려운 경우는? 규칙을 식으로 표현하기 ············ 149

(67) **평균**을 사용하는 경우가 아닌 것은? 평균 ············ 151

(68) **가능성**이 가장 높은 경우는? 가능성 ············ 153

(69) **표**를 보고 잘못 말한 사람은? 표 ············ 155

(70) 조사한 수를 **그림**으로 나타낸 **그래프**는? 그림그래프 ············ 157

(71) **막대그래프**로 나타내기에 적합한 것은? 막대그래프 ············ 159

(72) 한 달간 하루 최고 기온의 **변화**를 나타내기에
가장 적합한 **그래프**는? 꺾은선그래프 ············ 161

(73) **원그래프**로 나타내면 가장 효과적인 자료는? 원그래프 ············ 163

(74) 도서관 대출 도서의 **종류별 비율**을 알고 싶을 때 가장 효과적인
그래프는? 띠그래프 ············ 165

(75) **빈칸**에 들어갈 모양은? 다양하게 바라보는 퀴즈 ············ 167

(76) 보물 마을에 가려면 **어떤 질문**을 해야 할까?
누구에게 물어보든 같은 대답을 하게 만들기 ············ 169

(77) 빈칸에 들어갈 **수**는? 알파벳을 이용한 퀴즈 ············ 171

교과서 개념이 쏙 담긴 여러 가지 그래프 173

- 마무리 활동 정답 174
- 찾아보기 176

1장
교과서 속 수와 연산 이야기

수는 사물의 개수와 양을 나타내려고 인류가 만들어 낸 개념이에요.
수가 없었다면 오늘날 인류가 이룩한 문명은 걸음마조차 떼지 못했을 거예요.
1장에서는 다양한 형태의 수와 일정한 약속에 따라 두 수를 가공하는 방법인
연산에 대해 알아보아요.

수와 숫자 | 자연수 | 0 | 소수 | 분수 | 소수와 분수 | 음수 | 덧셈과 뺄셈 | 곱셈 | 나눗셈
혼합 계산 | 약수 | 공약수 | 배수 | 공배수 | 약수와 배수 | 약분 | 통분

01 퀴즈 난이도 ★★☆
수학 기초 개념 잡기

원시인은 **수**를 어떻게 표현했을까?

1 선을 찍찍 그어서

2 뛰어난 암기력으로

3 동물의 이름을 붙여서

4 머리카락을 일일이 뽑아서

정답 ① 숫자가 발명되기 전, 인류는 수를 표현할 때 작대기나 동그라미를 하나씩 그렸어요. 이것이 다섯 개씩 묶어서 표기하는 방식으로 발전했는데, 오늘날에도 사용하는 탤리 마크(tally mark)가 바로 이런 방식이랍니다.

수와 숫자

<셀 수>

탤리 마크
卌 ☒ 正

수 : 사물의 양, 크기, 순서 등을 나타내는 추상적인 개념

숫자 : 수를 나타내는 기호

우리말은 한글, 영어는 알파벳, 중국어는 한자로 표현하듯이 수를 표현하는 기호를 **숫자**라고 해요. **수**는 숫자뿐만 아니라 사물을 세어서 나타낸 양이나 크기, 순서를 모두 뜻하는 개념이지요. 마구간에 말이 '하나' 있다고 할 때, 숫자로 나타내면 '1'이고, 수로 나타내면 '1'과 '하나'랍니다.

숫자는 민족이나 지역에 따라 다양한 형태가 있는데, 오늘날 전 세계에서 가장 널리 사용되는 숫자가 바로 인도-아라비아 숫자예요. 1, 2, 3, 4, 5, 6, 7, 8, 9, 0의 열 개 숫자로 거의 모든 수를 표현할 만큼 편리하기 때문이에요. 중국의 한자(一, 二, 三…)와 로마자(Ⅰ, Ⅱ, Ⅲ…)도 숫자랍니다.

자연수와 짝수의 관계를 바르게 설명한 것은?

1 짝수는 자연수의 절반이다.

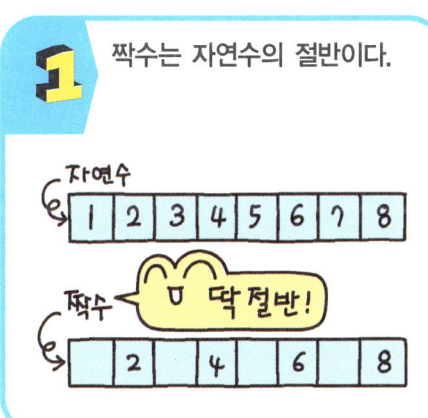

2 짝수가 자연수보다 많다.

3 자연수와 짝수는 개수가 같다. 서로 짝이 딱 맞으니까!

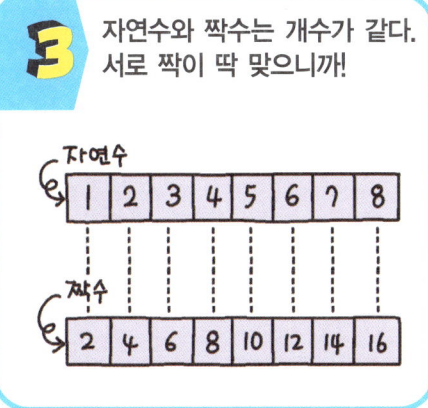

4 짝수와 자연수의 개수는 감히 비교할 수 없다.

정답 ❸ 자연수와 짝수 모두 끝없이 커지기 때문에 정확히 몇 개인지 세는 것은 무의미해요. 하지만 1에는 2, 2에는 4처럼 모든 자연수는 자신의 2배인 짝수와 짝을 지을 수 있으므로, 자연수와 짝수의 개수는 같다고 할 수 있어요.

자연수

1부터 시작해서 하나씩 더해서 얻는 모든 수

자연수는 1부터 시작해서 하나씩 더하여 얻는 모든 수를 말해요. 1, 2, 3과 같이 물건의 개수를 세거나 순서를 매길 때 가장 자연스럽게 사용되는 수라고 할 수 있지요.

자연수 중에서 가장 작은 자연수는 1이에요. 1보다 작은 자연수는 없어요. 그러면 가장 큰 자연수는 무엇일까요? 가장 큰 자연수는 구할 수 없어요. 누군가 '가장 큰 자연수는 얼마다!'라고 말한다면, 우리는 언제나 '얼마'보다 1 큰 자연수를 말할 수 있기 때문이에요.

그렇다면 0도 자연수일까요? 아니에요. 자연수는 1부터 시작하기 때문에 0은 자연수가 아니에요. 분수, 소수도 우리가 자연스럽게 수를 셀 때 쓰는 수가 아니기 때문에 자연수에 포함되지 않는답니다.

0을 설명한 것으로 틀린 것은?

1. 빈자리를 나타낸다.

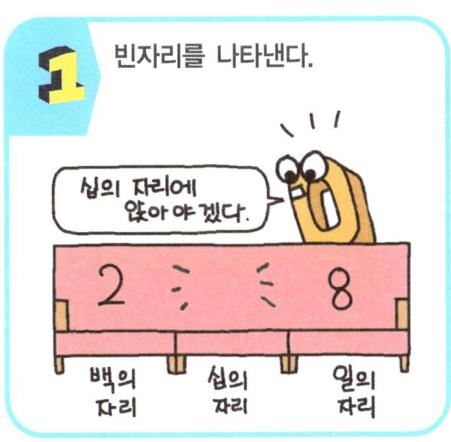

2. 아무것도 없다는 걸 뜻한다.

3. 빵 하나를 표시한다.

4. 시작점을 나타낸다.

정답 ❸ 백의 자리가 2, 일의 자리가 8이라면 빈자리인 십의 자리에 0을 써서 28이 아닌 208이라고 표시해요. 피자가 있었는데 누군가 모두 먹어 버렸다면 피자의 개수는 0이 되죠. 자나 저울의 눈금은 항상 0으로 시작해요. 빵 하나는 1이라고 표시한답니다.

빈자리, 아무것도 없는 상태, 시작점, 기준점을 나타내는 숫자

자연수가 자연에 존재하는 사물의 수량을 헤아리려고 발명되었다면, 아무것도 없는 상태를 나타내려고 발명된 개념이 바로 0이에요. 0은 우리 삶에서 빈자리, 아무것도 없는 상태, 시작점을 나타내요.

0의 역할은 여기서 끝이 아니에요. 1, 2, 3, 4, 5, 6, 7, 8, 9 다음에 오는 수를 나타낼 때, 일의 자리에 0을 쓰고 십의 자리에 1을 쓰면 10을 만들 수 있어요. 굳이 새로운 모양의 숫자를 만들지 않아도 되지요.

0은 컴퓨터 언어로도 사용돼요. 컴퓨터는 스위치 기능을 하는 트랜지스터에 전류가 흐르면 1, 흐르지 않으면 0으로 인식하는데, 여러 개의 트랜지스터가 이 신호를 바탕으로 문자, 소리, 영상 등 다양한 정보를 처리하지요.

만약 이 세상에서 0이 사라진다면 우리는 큰 혼란에 빠질 거예요. 11과 101 그리고 110을 구분할 수 없어, 십, 백, 천 등의 자리를 표시할 새로운 모양의 숫자를 만들어야 할 거예요. 0으로 아무것도 없음을 표현한다는 생각은 인류에게 아주 큰 변화를 불러왔답니다.

나라별 **소수** 표기법이 잘못된 것은?

1 프랑스의 0,1

2 영국의 0'1

3 대한민국의 0.1

4 미국의 0:1

정답 ❷, ❹ 소수를 표기할 때 우리나라와 미국, 영국은 마침표(.)를 사용하고, 프랑스, 독일 등 대부분의 유럽 국가는 쉼표(,)를 사용한답니다.

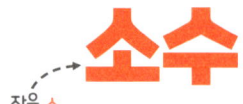

소수

일의 자리보다 작은 자릿값을 가진 수

자연수와 0만으로는 나타내기 어려운 상황이 있어요. 길이가 3cm보다 길고 4cm보다 짧을 때, 또는 몸무게가 40kg과 41kg 사이일 때처럼 말이에요. 이럴 땐 소수로 표현한답니다.

소수는 0.1, 1.23, 3.456…과 같이 일의 자리보다 작은 자릿값을 가진 수를 말해요. 소수와 자연수를 구분하려고 소수점을 찍어 나타내지요.

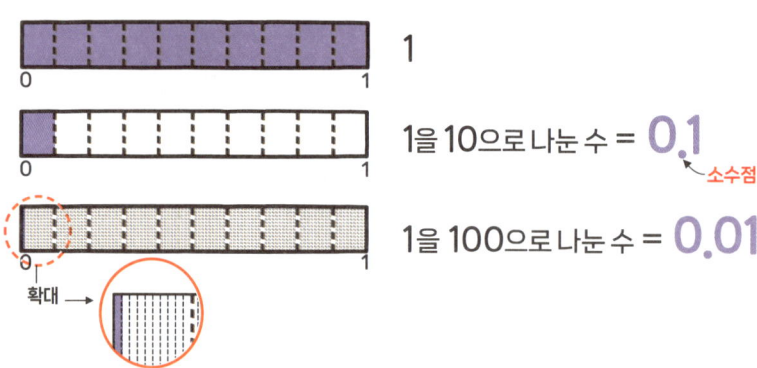

소수 읽는 법

소수점을 기준으로, 왼쪽(자연수)은 자릿값을 붙여서 읽고, 오른쪽(소수)은 숫자 하나하나를 따로 읽어요.
0.1은 '영 점 일',
33.45는 '삼십삼 점 사오',
1.249는 '일 점 이사구'라고 읽는답니다.

1.249의 자릿값
❶ ❷ ❸ ❹

❶ 일의 자리. 나타내는 수 1
❷ 소수 첫째 자리. 나타내는 수 0.2
❸ 소수 둘째 자리. 나타내는 수 0.04
❹ 소수 셋째 자리. 나타내는 수 0.009

나누어지는 수와 나누는 수를
하나로 표현할 수 있는 수는?

1 소수

2 분수

3 홀수

4 짝수

정답 ❷ 나누어지는 수와 나누는 수를 하나로 표현한 수는 분수랍니다.

분수

전체에 대한 부분을 가로선을 사용하여 나타낸 수

분수는 전체를 똑같이 나누어 전체에 대한 부분을 나타낸 수예요. 분수에서 가로선 아래쪽에 있는 수를 분모, 위쪽에 있는 수를 분자라고 해요.

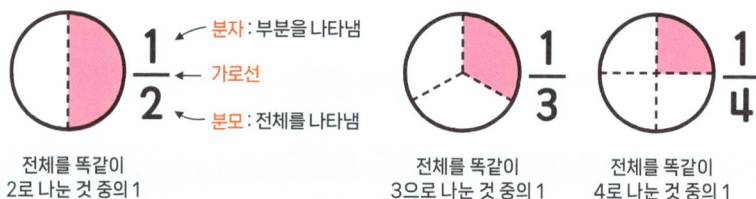

피자 한 판을 8조각으로 똑같이 나눈 후 그중 3조각을 먹었을 때, 먹은 피자의 양은 $\frac{3}{8}$으로 나타낼 수 있어요. 그리고 8조각으로 똑같이 나눈 피자가 두 판 있을 때, 9조각을 먹었다면 $\frac{9}{8}$로 나타낼 수 있어요. 이때는 한 판을 다 먹고 1조각을 더 먹은 셈이 되니까 $1\frac{1}{8}$로도 나타낼 수 있답니다.

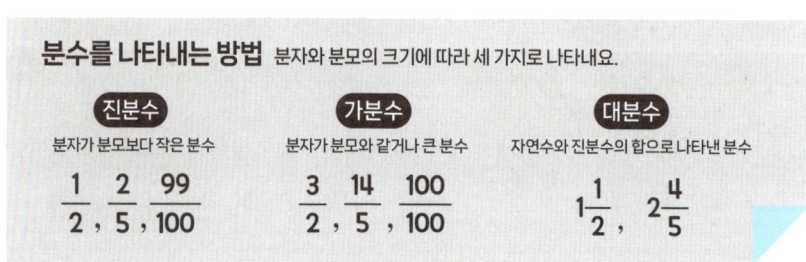

소수와 분수에 대해 바르게 설명한 것은?

1 소수는 분수로 바꿀 수 있지만, 분수는 소수로 바꿀 수 없다.

2 소수는 분수로 바꿀 수 없지만, 분수는 소수로 바꿀 수 있다.

3 소수와 분수는 엄연히 다르기 때문에 절대 못 바꾼다.

4 소수를 분수로, 분수를 소수로 바꾸는 건 다 가능하다.

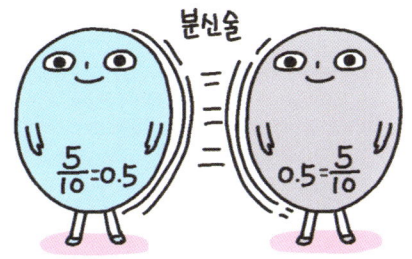

정답 ❹ 소수는 분수로, 분수는 소수로 바꿀 수 있어요. 소수와 분수는 나타내는 방법이 다를 뿐이에요.

소수와 분수

소수와 분수는 서로 얼마든지 변신할 수 있어요. 소수는 분수로, 분수는 소수로 바꿀 수 있거든요.

소수를 분수로 바꾸는 방법은 간단해요. 먼저, 소수점 오른쪽의 숫자 개수만큼 0을 1 뒤에 붙여서 분모를 만들어요. 그런 다음 소수에서 소수점을 뺀 수를 분자의 자리에 써 주면 되지요.

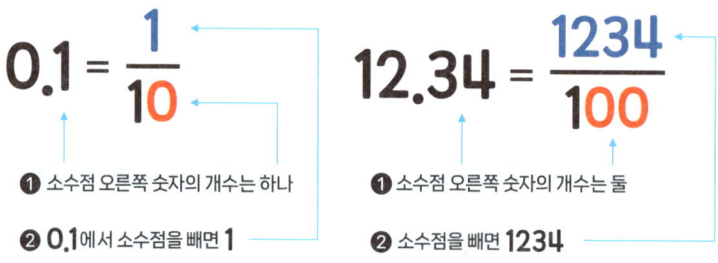

❶ 소수점 오른쪽 숫자의 개수는 하나

❷ 0.1에서 소수점을 빼면 1

❶ 소수점 오른쪽 숫자의 개수는 둘

❷ 소수점을 빼면 1234

분모는 소수점 오른쪽의 숫자 개수를 알면 돼!

분자는 소수점만 빼면 돼!

분수를 소수로 바꾸는 방법은 더 간단해요. 분수의 분자를 분모로 나누면 되거든요.

$$\frac{3}{5} = 3 \div 5 = 0.6$$

이렇게 소수가 분수로, 분수가 소수로 바뀔 수 있는 건, 1을 10개로 나눈 수(0.1)와 1을 10개로 나눈 것 중의 하나($\frac{1}{10}$)라는 의미가 같아서랍니다.

0보다 1 작은 수는 어떻게 나타낼까?

정답 ❹ 0보다 1 작은 수는 빼기 기호(−)를 붙여서 '−1'이라고 쓰고, '마이너스 일'이라고 읽는답니다.

음수

0보다 작은 수

자연수나 0, 소수, 분수로도 표현할 수 없는 상황이 있어요. 예를 들면 온도계에 표시된 기온이 0도보다 낮거나 이번 달에 나간 돈이 들어온 돈보다 많은 경우 말이에요.

이럴 때 등장하는 개념이 음수예요. 음수는 0보다 작은 수를 말해요. 음수가 등장하면서 수는 크게 양수, 0, 음수로 나뉘었어요. 음수는 숫자 앞에 빼기 기호(−)를 사용해요.

0도보다 5도 낮은 기온은 −5도, 용돈이 30000원인데 지출한 돈이 40000원이라면 이번 달 수입은 −10000원이라고 표현하지요.

왜 덧셈 기호는 ✚ 일까?

1 구급차의 십자 모양을 따라 하려고

2 교회의 십자가 모양과 같게 하려고

3 라틴어에서 따와서

4 plus의 s가 변해서

정답 ❸ 덧셈 기호가 없던 시절에는 2 더하기 3은 '2와 3'처럼 '~와(과)'를 사용해 나타냈어요. 라틴어로 '~와(과)'를 뜻하는 단어가 'et'인데, 계산할 때마다 매번 쓰는 게 번거로워서 간략하게 '+'를 사용했다고 해요.

덧셈과 뺄셈

덧셈 : 여러 개의 수나 식 등을 더하는 계산

뺄셈 : 어떤 수나 식에서 다른 수나 식을 빼는 계산

덧셈은 더하기예요. 여러 개의 수나 식 등을 더하는 계산이랍니다. 반대로 **뺄셈**은 빼기예요. 어떤 수나 식에서 다른 수나 식을 빼는 계산이지요.

덧셈식은 뺄셈식으로 바꿔 계산하고, 뺄셈식은 덧셈식으로 바꿔서 계산할 수 있어요. 덧셈과 뺄셈의 관계를 활용하면 어려운 문제를 쉽게 해결할 수 있답니다.

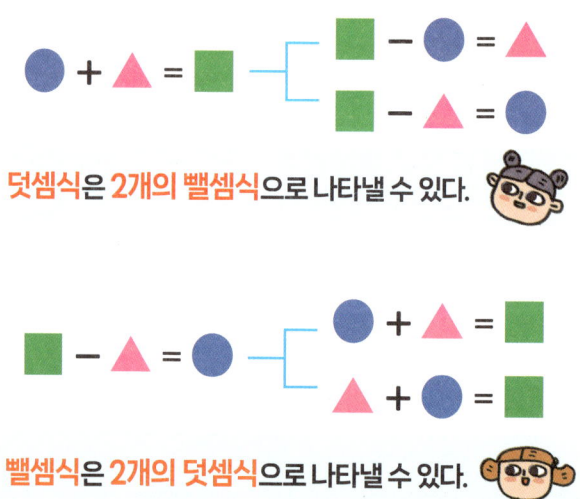

3+5=8이라는 덧셈식은 8-3=5, 8-5=3이라는 2개의 뺄셈식을 만들 수 있어요. 예를 들어, '지금 3세인 아이는 몇 년 후에 20세가 될까?'라는 질문을 식으로 표현하면, 3+▲=20이니, ▲를 구하려면 20-3=▲인 뺄셈식으로 바꿔 계산하면 된답니다.

구구단은 왜 외울까?

1 반복되는 덧셈을 쉽게 계산하려고

2 구구단을 외우면 덧셈이 필요 없으니까

3 구구단을 외우면 뺄셈이 필요 없으니까

4 발성이 좋아지니까

정답 ❶ 구구단은 반복되는 덧셈을 할 때 나오는 답을 보기 쉽게 정리해 놓은 표와 같아요. 옛날에는 특별한 사람들끼리만 알려고 9x9=81부터 외워서 '구구단'으로 불렸어요. 인도 사람들은 19단까지 외우기도 한답니다.

곱셈

두 개 이상의 수나 식을 곱하는 계산

곱셈은 두 개 이상의 수나 식을 곱하여 계산하는 방법을 말해요. 곱셈 기호 (×)를 사용하여 나타내지요.

예를 들어 오리 10마리의 다리 수를 계산할 때, 덧셈으로 답을 구하면, 2+2+2+2+2+2+2+2+2+2=20과 같이 같은 수를 반복해서 쓰고 차례대로 더해야 해요. 하지만 덧셈을 곱셈으로 바꾸면 2×10으로 간단하게 표현하면 돼요. 2×10은 2를 10번 더한다는 뜻이니까요. 예를 들어 오리가 100마리면 2×100, 1000마리면 2×1000과 같이 간단하게 풀 수 있지요. 곱셈은 덧셈과 마찬가지로 곱하는 두 수의 자리가 바뀌어도 결과는 같답니다.

덧셈식

2+2+2+2+2+2+2+2+2+2=20

곱셈식

2×10=20
2×100=200
2×1000=2000

여기 오리들의 다리는 모두 몇 개일까?

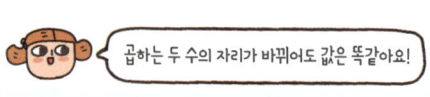

곱하는 두 수의 자리가 바뀌어도 값은 똑같아요!

2×10=10×2=20

한 칸에 나무가 똑같이 들어가도록 선 2개만 그려서 네 칸으로 나누려면?

나도 한번 나눠 볼까?

정답 나무 24그루를 네 칸에 똑같이 나누어 넣으려면 한 칸에 몇 그루씩 넣어야 하는지 찾으면 돼요. 열십자로 가르면 한 칸에 6그루씩 들어가지요.

나눗셈

어떤 수를 다른 수로 나누는 계산

나눗셈은 어떤 수를 다른 수로 나누는 계산법을 말해요. 나눗셈 기호(÷)를 써서 나타내지요.

색종이 10장을 2명에게 똑같이 나눠 줘야 한다면 몇 장씩 주어야 남는 색종이가 없을까요? 바로 5장이에요. 나눗셈식으로 나타내면 10÷2=5랍니다. 이때 10을 **나누어지는 수**, 2를 **나누는 수**, 5를 **몫**이라고 하지요.

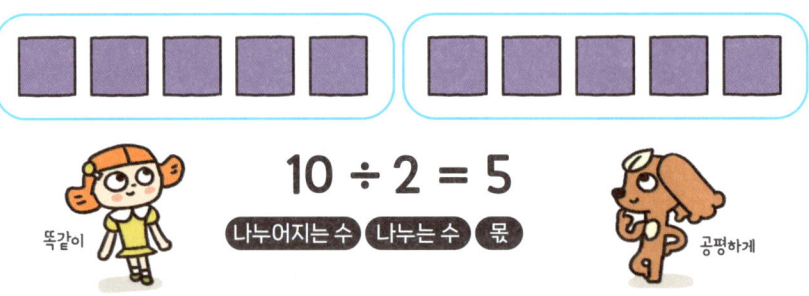

그런데 색종이 10장을 3명이 나눈다면 3장씩 주어도 1장이 남는 것처럼, 몫을 구하고도 나누어지는 수가 남는 경우가 있답니다. 이처럼 더 이상 나누지 못하고 남는 것을 **나머지**라고 해요. 식으로는 '10÷3=3…1'이라고 표현하지요. 나머지는 나누는 수보다 크거나 같을 수 없답니다.

나누어지는 수? 나누는 수?

나눗셈은 곱셈과 달리, 나눗셈 기호 앞뒤의 수가 바뀌면 전혀 다른 결과가 나올 수 있어요. 반드시 주어진 문제를 잘 읽고 무엇이 '나누어지는 수'이고, 무엇이 '나누는 수'인지 잘 파악해서 순서에 맞게 식을 세워야 해요.

붕어빵을 가장 많이 먹은 동물은?

1 1+(2+3)×4개 먹었어.

2 (1+2)+3×4개 먹었어.

3 1+2+3×4개 먹었어.

4 (1+2+3)×4개 먹었어.

정답 ④ ① 1+(2+3)×4=21, ② (1+2)+3×4=15, ③ 1+2+3×4=15, ④ (1+2+3)×4=24

혼합 계산

덧셈, 뺄셈, 곱셈, 나눗셈, 괄호가 하나의 식에 섞여 있는 계산

하나의 식에 덧셈, 뺄셈, 곱셈, 나눗셈이 서로 섞여 있는 계산을 **혼합 계산**이라고 해요.
혼합 계산을 할 때는 계산 순서가 아주 중요해요. 순서가 틀리면 정답도 틀릴 수 있기 때문이에요. 혼합 계산은 다음과 같은 순서에 따라 계산해야 한답니다.

덧셈, 뺄셈, 곱셈, 나눗셈이 섞여 있는 식:
곱셈과 나눗셈 먼저 계산한다.

$$60÷3-3+2×4 = 20-3+2×4$$
$$= 20-3+8$$
$$= 17+8$$
$$= 25$$

곱셈과 나눗셈 먼저!

덧셈, 뺄셈, 곱셈, 나눗셈, 괄호가 섞여 있는 식:
괄호 안을 먼저 계산하고, 곱셈과 나눗셈을 계산한다.

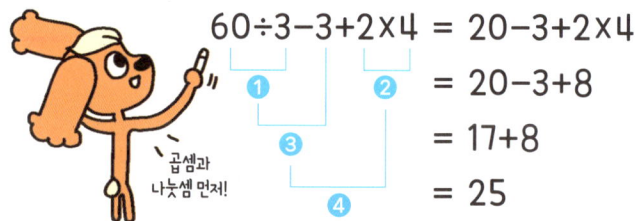

$$60÷3-(3+2)×4 = 60÷3-5×4$$
$$= 20-5×4$$
$$= 20-20$$
$$= 0$$

오! 나보다 잘하는데!

퀴즈 12

난이도 ★★★

수학 기초 개념 잡기

양 9마리를 남김없이 똑같이 나누어 줄 때, 불가능한 방법은?

1 나눌 것 없이 1명에게 모두 준다.

2 3명에게 똑같이 나누어 준다.

3 5명에게 똑같이 나누어 준다.

4 9명에게 똑같이 나누어 준다.

정답 ❸ 1명에게는 9마리 모두 줄 수 있고, 3명에게는 각각 3마리씩 줄 수 있어요. 9명에게는 1마리씩 줄 수 있지요. 하지만 5명에게는 1마리씩 주면 4마리가 남고, 2마리씩 주면 1마리가 부족하기 때문에 양을 똑같이 나누는 것이 불가능하답니다.

약수

묶을 약

어떤 자연수를 나머지 없이 나누어떨어지게 만드는 수

약수는 어떤 수를 나머지 없이 나누어떨어지게 만드는 수를 말해요. 예를 들어 8을 8보다 작거나 같은 자연수로 나눌 때, 3, 5, 6, 7로 나누면 나머지가 생기지만 1, 2, 4, 8로 나누면 나머지가 0으로 나누어떨어져요. 이처럼 나누어떨어지게 만드는 수 1, 2, 4, 8이 8의 약수랍니다.

어떤 수의 약수 중에서 가장 작은 수는 1이고, 가장 큰 수는 어떤 수 자신이에요. 또한 1은 모든 자연수의 약수이기도 하답니다.

약수는 8×1=8, 2×4=8과 같이 두 수의 곱으로 나타내어 구할 수도 있어요. 두 수로 8을 나누면 나누어떨어지지요.

8÷1=8⋯0   8÷2=4⋯0   8÷3=2⋯2
8÷4=2⋯0   8÷5=1⋯3   8÷6=1⋯2
8÷7=1⋯1   8÷8=1⋯0

나머지가 0이 되게 만드는 수 1, 2, 4, 8이 8의 약수이다.

8 × 1 = 8   2 × 4 = 8

약수는 나눗셈을 이용하거나 두 수의 곱으로 구할 수 있구나!

OX 퀴즈

약수의 개수는 항상 짝수일까?

정답 ✗ 1(1×1), 4(2×2), 9(3×3), 16(4×4) 등과 같이 같은 수를 2번 곱해서 만들 수 있는 자연수는 약수의 개수가 홀수랍니다.

1의 약수는 1 (1개)
4의 약수는 1, 2, 4 (3개)
9의 약수는 1, 3, 9 (3개)
16의 약수는 1, 2, 4, 8, 16 (5개)

연필 8자루와 지우개 12개로 만들 수 없는 세트는?

(단, 모든 연필과 지우개를 세트 만드는 데 사용할 것.)

정답 ❹ 1세트를 만들려면 연필과 지우개를 한 번에 묶고, 2세트를 만들려면 연필 4자루와 지우개 6개씩 묶고, 4세트는 연필 2자루와 지우개 3개씩 묶으면 돼요. 하지만 8세트의 경우, 연필은 1자루씩 나누어도 지우개는 똑같이 나눌 수 없으므로 만들 수 없어요.

공약수

두 수의 약수 중 공통된 수

8의 약수는 1, 2, 4, 8이고, 12의 약수는 1, 2, 3, 4, 6, 12예요. 8과 12의 약수 중 1, 2, 4는 8의 약수이면서 12의 약수도 되지요. 이처럼 두 수의 약수 중 공통된 약수를 라고 해요. 그러므로 '1, 2, 4는 8과 12의 공약수'라고 말할 수 있어요. 보통 둘 이상의 물건을 똑같은 수로 나눠야 할 때 공약수를 활용하지요. 공약수 중에서 가장 큰 수를 '최대공약수'라고 하는데, 8과 12의 최대공약수는 4랍니다.

8 ÷ 1 = 8
8 ÷ 2 = 4
8 ÷ 4 = 2
8 ÷ 8 = 1

12 ÷ 1 = 12
12 ÷ 2 = 6
12 ÷ 3 = 4
12 ÷ 4 = 3
12 ÷ 6 = 2
12 ÷ 12 = 1

1은 모든 수의 약수라서 굳이 최소공약수를 따로 규정하지 않아요!

8과 12의 공약수는 1, 2, 4이다.
↑최소공약수 ↑최대공약수

OX 퀴즈

최대공약수를 알면 두 수의 공약수는 쉽게 알 수 있다?
정답 O 8과 12의 최대공약수인 4의 약수 1, 2, 4는 8과 12의 공약수이기도 해요.

최대공약수가 크면 공약수의 수가 많다?
정답 X 5와 10의 최대공약수는 5이고, 공약수는 1, 5로 2개예요.
4와 8의 최대공약수는 4이고, 공약수는 1, 2, 4로 3개랍니다.

최대공약수가 크다고 공약수의 수가 많은 건 아니야!

14 퀴즈 난이도 ★★★

수학기초개념잡기

배수에 대해 잘못 말한 것은?

1 배수가 딱 하나인 수도 있다.

2 1의 배수는 자연수와 같다.

3 2의 배수는 짝수와 같다.

4 모든 자연수는 자기 자신의 배수다.

정답 ① 배수는 끝없이 만들 수 있기 때문에 하나만 존재할 수 없어요. 1의 배수는 1, 2, 3,…로 자연수와 같고, 2의 배수는 2, 4, 6,…로 짝수와 같아요. 그리고 모든 자연수의 배수는 자기 자신부터 출발하지요.

배수

어떤 수에 자연수를 곱해서 만드는 수

배수는 어떤 수에 자연수를 곱해서 만드는 수를 말해요. 어떤 수의 곱절이 되는 수이지요. 구구단은 바로 이 배수의 원리를 적용한 거랍니다.

3에 자연수 1, 2, 3,…을 곱하면 3, 6, 9,…가 나와요. 이때 3, 6, 9,…를 3의 배수라고 해요. 마찬가지로 5에 1배, 2배, 3배,…를 하면 5, 10, 15,… 등 끝없이 커지는 배수를 구할 수 있어요. 자연수가 끝이 없기 때문에 배수도 끝없이 만들 수 있지요. 모든 자연수는 1의 배수이고, 어떤 수든지 가장 작은 배수는 자기 자신이랍니다.

가장 작은 배수는 자기 자신이다.   **배수는 끝이 없다.**

1의 배수	1,	2,	3,	4,	5,	6,	7, ……
2의 배수	2,	4,	6,	8,	10,	12,	14, ……
3의 배수	3,	6,	9,	12,	15,	18,	21, ……
4의 배수	4,	8,	12,	16,	20,	24,	28, ……
5의 배수	5,	10,	15,	20,	25,	30,	35, ……
6의 배수	6,	12,	18,	24,	30,	36,	42, ……

공배수에 대해 바르게 설명한 것은?

1 1은 모든 두 수의 공배수다.

2 배수처럼 끝없이 존재한다.

3 공배수가 단 하나만 존재하는 경우도 있다.

4 공배수가 없는 경우도 있다.

정답 ❷ 1은 모든 두 수의 공약수이지 공배수는 아니에요. 또, 공배수는 끝없이 존재하기 때문에 단 하나만 존재하는 경우도, 없는 경우도 없답니다.

공배수

두 수의 배수 중 공통된 수

4의 배수와 6의 배수를 구하면 다음과 같아요.

4의 배수 : 4, 8, 12, 16, 20, 24, 28, 32, 36, 40, 44, 48, 52, 56, 60, …

6의 배수 : 6, 12, 18, 24, 30, 36, 42, 48, 54, 60, 66, …

4와 6의 공배수는 ⑫, 24, 36, 48, 60, … 이다.

↑ 최소공배수

4의 배수이면서 6의 배수는 12, 24, 36, 48, 60, … 이에요. 이처럼 두 수의 배수 중에서 공통된 배수가 바로 **공배수**랍니다. 4와 6의 공배수 중에서 가장 작은 수인 12를 **최소공배수**라고 하지요.

두 수의 최소공배수를 알면 두 수의 공배수도 쉽게 알 수 있어요. 최소공배수의 배수가 공배수이기 때문이랍니다.

4와 6의 공배수 : 12, 24, 36, 48, 60, …
4와 6의 최소공배수인 12의 배수 : 12, 24, 36, 48, 60, …

두 수의 공배수는 두 수의 최소공배수의 배수와 같다.

OX 퀴즈

최소공배수가 있으면 최대공배수도 있다!?

정답은 '말할 수 없다.'예요. 공배수는 최소공배수의 배수와 같은데, 배수는 끝없이 계속 커지기 때문에 가장 큰 수를 알 수 없거든요. 그러므로 최대공배수라는 개념은 사용하지 않는답니다. 또한 1과 1의 최소공배수를 찾는 경우가 아니라면 그 어떤 경우도 1은 최소공배수가 될 수 없지요.

최대공배수라는 개념은 없어~!

퀴즈 16

약수와 배수를 바르게 설명한 것은?

1 어떤 수의 배수는 항상 약수보다 크다.

2 어떤 수는 배수보다 약수가 큰 경우도 있다.

3 약수가 너무 많은 수는 배수가 없을 수도 있다.

4 어떤 수의 약수는 그 수의 배수의 약수도 된다.

정답 ④ 어떤 수의 배수는 약수와 같거나 커요. 따라서 약수가 배수보다 클 수는 없지요. 또, 배수는 끝없이 존재해요. 6의 약수 1, 2, 3, 6은 6의 배수 12, 18, 24, 30,…의 약수가 되는 것처럼 어떤 수의 약수는 그 수의 배수의 약수도 된답니다.

약수와 배수

모든 자연수는 자기 자신의 가장 큰 약수이자, 가장 작은 배수예요.
18의 약수는 1, 2, 3, 6, 9, 18로 모두 6개예요. 약수의 배수를 확인해 보면 18의 약수 6개가 모두 배수에 18을 가지고 있어요.

이 규칙에 따라 18의 배수는 18, 36, 54, 72, 90,…이니까 18은 18의 약수도 되고 36, 54, 72, 90의 약수도 된답니다. 18의 약수 중에서 가장 큰 수는 18이고, 18의 배수 중에서 가장 작은 수는 18이에요.

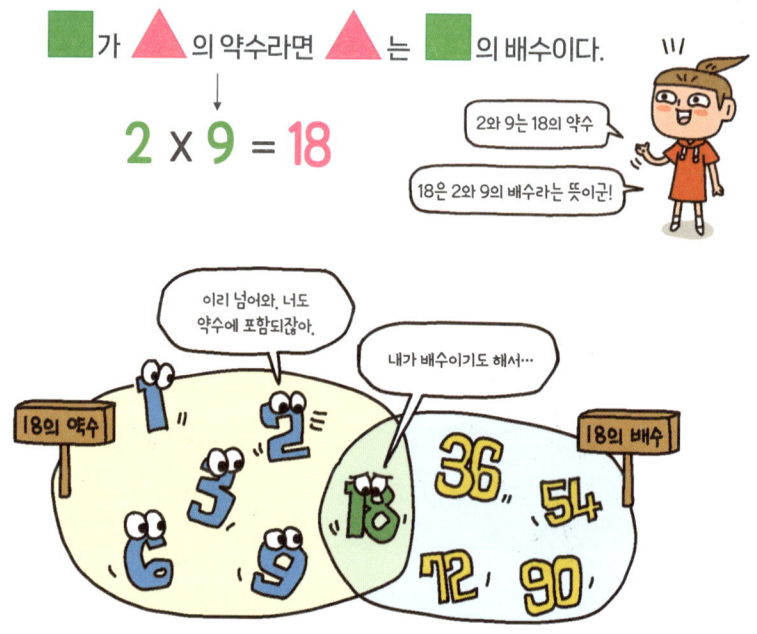

기약분수는 무슨 뜻일까?

1 기가 약한 분수

2 이미 약분을 마친 분수

3 기약 없이 이별하는 분수

4 기약이라는 수학자가 발명한 분수

정답 ❷ 기약분수는 이미 약분한 분수라는 뜻으로, 더는 나눌 필요가 없는 분수예요.

약분

분수의 분모와 분자를 그 공약수로 나누는 일

약분이란 분자와 분모의 수가 클 때, 두 수의 공약수로 나눠서 간단한 형태로 나타내는 것을 말해요.

예를 들어 $\frac{18}{24}$은 18과 24의 공약수 2로 약분하여 $\frac{9}{12}$로 나타낼 수 있어요. 여기에 9와 12의 공약수 3으로 한 번 더 약분하면 $\frac{3}{4}$으로 더 간단히 나타낼 수 있지요. 3과 4의 공약수는 1밖에 없으므로 더는 약분할 수 없어요. $\frac{3}{4}$처럼 이미 약분을 마쳐서 더는 약분이 되지 않는 분수를 **기약분수**라고 한답니다.

$$\frac{18}{24} = \frac{18 \div 2}{24 \div 2} = \frac{9 \div 3}{12 \div 3} = \frac{3}{4} \quad \leftarrow \text{기약분수}$$

기약분수를 만들려면 공약수로 나누면 되는구나!

OX 퀴즈
단 한 번의 약분으로 기약분수를 만들 수 있다?

정답 **O** 최대공약수로 약분하면 한 번에 기약분수로 만들 수 있어요.
$\frac{18}{24}$은 18과 24의 최대공약수인 6으로 약분하면 단 한 번에 $\frac{3}{4}$이 된답니다.

18의 약수 : 1, 2, 3, 6, 9, 18
24의 약수 : 1, 2, 3, 4, 6, 8, 12, 24
18과 24의 최대공약수는 6이니까

$$\frac{18^{\;6}}{24_{\;6}} = \frac{3}{4}$$

통분에 대해 바르게 설명한 것은?

1 분수의 덧셈을 쉽게 한다.

2 분수의 곱셈을 쉽게 한다.

3 서로 다른 2개의 분수에서만 통분할 수 있다.

4 분모에만 같은 수를 곱한다.

> **정답 ❶** 통분은 분모가 다른 둘 이상의 분수에서 분모를 같게 만들기 때문에, 통분을 하면 분수의 덧셈과 뺄셈이 쉬워져요. 또 두 분수의 크기도 쉽게 비교할 수 있어요.

통분

분모가 다른 두 개 이상의 분수에서 분모를 같은 수로 만드는 일

1+2의 답이 3이라고 떠올리는 데는 1초도 걸리지 않지만, $\frac{1}{4} + \frac{2}{9}$의 답은 머릿속에 쉽게 떠오르지 않아요. 두 분수의 분모가 서로 다르기 때문이에요. 이럴 때는 통분을 해 주면 돼요. **통분**이란 분모가 서로 다른 둘 이상의 분수에서 분모를 같게 만드는 일이지요.

분수를 통분할 때는 먼저 두 분모의 최소공배수를 찾아요. 그런 다음 두 분모가 최소공배수가 되도록 적절한 수를 곱해 주면 돼요. 이때 분자에도 같은 수를 곱하는 거 잊지 마세요!

분모가 다른 $\frac{1}{4} + \frac{2}{9}$ 를 계산하기 위해 통분하는 법

❶ **두 분모** 4와 9의 **최소공배수**를 찾는다.
   4의 배수 : 4, 8, 12, 16, 20, 24, 28, 32, ㊲, …
   9의 배수 : 9, 18, 27, ㊱, 45, …
   ↑ 최소공배수

❷ **두 분모** 4와 9가 각각 최소공배수 36이 되도록 **적절한 수를 곱한다.**
   이때 **분자**에도 같은 수를 **곱한다.**

$$\frac{1}{4} + \frac{2}{9} = \frac{9}{36} + \frac{8}{36} = \frac{17}{36}$$

1장 마무리
사칙 연산으로 푸는
포포즈 게임

포포즈(Four Fours) 게임은 숫자 4 네 개로 식을 완성하는 게임이에요.
사칙 연산 기호(+, −, ×, ÷)를 사용하여 식을 완성해 보세요.
(괄호를 사용해도 괜찮아요!)

(4   4   4   4   =   0)

(4   4   4   4   =   1)

(4   4   4   4   =   2)

(4   4   4   4   =   3)

(4   4   4   4   =   4)

(4   4   4   4   =   5)

(4   4   4   4   =   6)

(4   4   4   4   =   7)

(4   4   4   4   =   8)

(4   4   4   4   =   9)

(4   4   4   4   =   10)

해답은 174쪽에

2장
교과서 속
도형 이야기

도형은 세상에 존재하는 다양한 형태를 사람들이 이해하기 쉽도록
비슷한 것끼리 묶어서 단순하게 나타낸 것이에요.
도형은 크게 평면도형(점, 선, 면)과 입체도형(입체)으로 구분해요.
2장에서는 디자인, 게임 그래픽, 건축 등 다양한 분야에 활용되는 도형에 대해 알아보아요.

선분, 직선, 반직선 | 변과 꼭짓점 | 각 | 각도 | 수직과 수선 | 평행 | 삼각형 | 직각삼각형
이등변삼각형 | 정삼각형 | 예각삼각형과 둔각삼각형 | 사각형 | 직사각형과 정사각형
사다리꼴 | 평행사변형 | 마름모 | 다각형과 정다각형 | 원 | 합동 | 대칭 | 선대칭도형
점대칭도형 | 직육면체와 정육면체 | 겨냥도와 전개도 | 정다면체 | 각기둥과 각뿔
원기둥과 원뿔 | 구

선분, 직선, 반직선에 대해 바르게 설명한 것은?

정답 ❹ 삼각형의 한 변은 선분이에요. 굽은 선의 반대는 곧은 선이고, 반직선은 곧은 선의 한 종류지요. 선분, 반직선, 직선 중에서 오직 선분만 시작과 끝이 있어서 길이를 잴 수 있어요.

선분, 직선, 반직선

선분 : 시작과 끝이 분명하게 있는 곧은 선

직선 : 시작도 끝도 없는 곧은 선

반직선 : 시작만 있는 곧은 선

선분, 직선, 반직선은 모두 곧은 선으로 이루어져 있어요. **선분**은 두 점을 곧게 이은 선으로, 시작과 끝이 분명하게 있는 선이에요. 점 ㄱ과 점 ㄴ을 이은 선분을 **선분 ㄱㄴ** 또는 **선분 ㄴㄱ**이라고 해요.

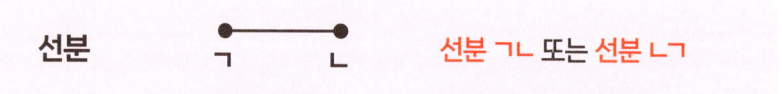

직선은 시작도 끝도 없는 곧은 선이에요. 점 ㄱ과 점 ㄴ을 지나면서 양쪽으로 끝없이 뻗어나가는 직선을 **직선 ㄱㄴ** 또는 **직선 ㄴㄱ**이라고 해요.

반직선은 반만 직선인 선이에요. 반직선은 방향이 있어, 시작점이 어디인지 꼭 살펴봐야 해요. **반직선 ㄱㄴ**은 점 ㄱ에서 출발해서 점 ㄴ을 지나고, **반직선 ㄴㄱ**은 점 ㄴ에서 출발해서 점 ㄱ을 지나가는 선이에요.

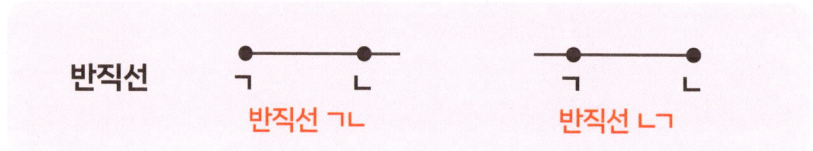

20 퀴즈

난이도 ★★☆

수학기초개념잡기

변이 꼭짓점에게 하는 말로 적절하지 않은 것은?

1 내가 2개 있어야 네가 태어날 수 있어.

2 다각형에서 나와 너의 개수는 항상 같단다.

3 내가 선분이라면 너는 직선이야.

4 원에서는 너도 나도 존재하지 않아.

정답 ❸ 꼭짓점은 2개의 변이 만나는 점이에요. 삼각형은 변 3개와 꼭짓점 3개, 사각형은 변 4개와 꼭짓점 4개인 것처럼 다각형에서 변과 꼭짓점의 개수는 항상 같아요. 굽은 선으로 이루어진 원에는 변도 꼭짓점도 없지요.

변과 꼭짓점

가장자리 변

변 : 다각형을 이루는 각 선분

꼭짓점 : 각을 이루는 두 변이 만나는 점

한자로 가장자리, 변두리를 뜻하는 변은 시작과 끝이 분명한 곧은 선이라는 점에서 선분과 크게 다르지 않아요. 삼각형이나 사각형 같은 다각형의 가장자리, 즉 테두리를 이루는 선분을 가리켜 특별히 **변**이라고 부르지요.

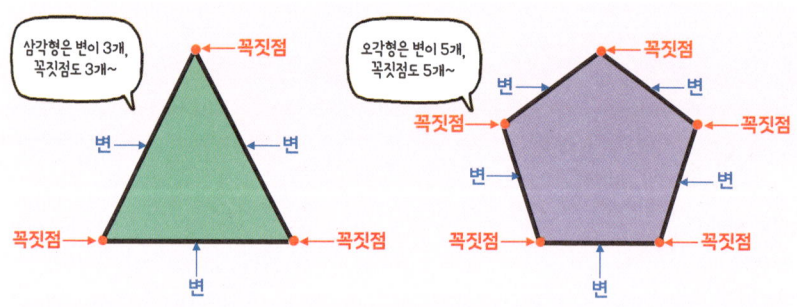

다각형에서 두 변은 항상 한 점에서 만나게 되는데, 이 점이 바로 **꼭짓점**이에요. 꼭짓점은 그냥 '점'이라고 불러도 되지만, 각을 이루는 두 변이 만나는 점이기 때문에 특별히 꼭짓점이라고 한답니다.

각에 대한 설명으로 틀린 것은?

1 각은 도형의 한 종류다.

2 각이 벌어진 정도를 각의 크기라고 한다.

3 삼각형의 각은 3개다.

4 두 곡선이 만나서 뾰족한 모양을 이루어도 각이다.

정답 ❹ 삼각형, 사각형과 같은 다각형뿐만 아니라 점, 선, 각 등도 도형이에요. 각을 이루는 두 곧은 선이 벌어진 정도를 각의 크기(각도)라고 해요. 각은 반드시 곧은 선으로 이루어져야 한답니다.

각

한 점에서 시작되는 두 개의 곧은 선이 이루는 도형

각은 두 개의 변 또는 곧은 선이 하나의 꼭짓점에서 만나 이루는 도형을 말해요. 오른쪽 그림처럼 변 ㄱㄴ과 변 ㄴㄷ이 꼭짓점 ㄴ에서 만나 이루는 도형이 각이지요. 각을 읽을 때는 꼭짓점 ㄴ의 기호가 가운데에 들어가도록 각 ㄱㄴㄷ 또는 각 ㄷㄴㄱ이라고 해요. 각은 크기에 따라 예각, 직각, 둔각으로 구분할 수 있답니다.

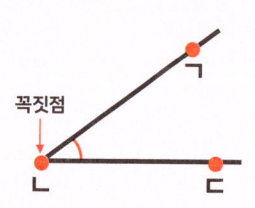

각 ㄱㄴㄷ 또는 각 ㄷㄴㄱ

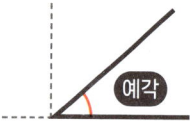

0°보다 크고 90°보다 작은 각

90°인 각

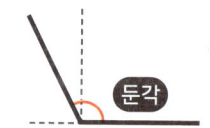

90°보다 크고 180°보다 작은 각

각도기를 이용하여 **각도**를 잴 때, 각 ㄱㄴㄷ의 크기는 어떻게 읽을까?

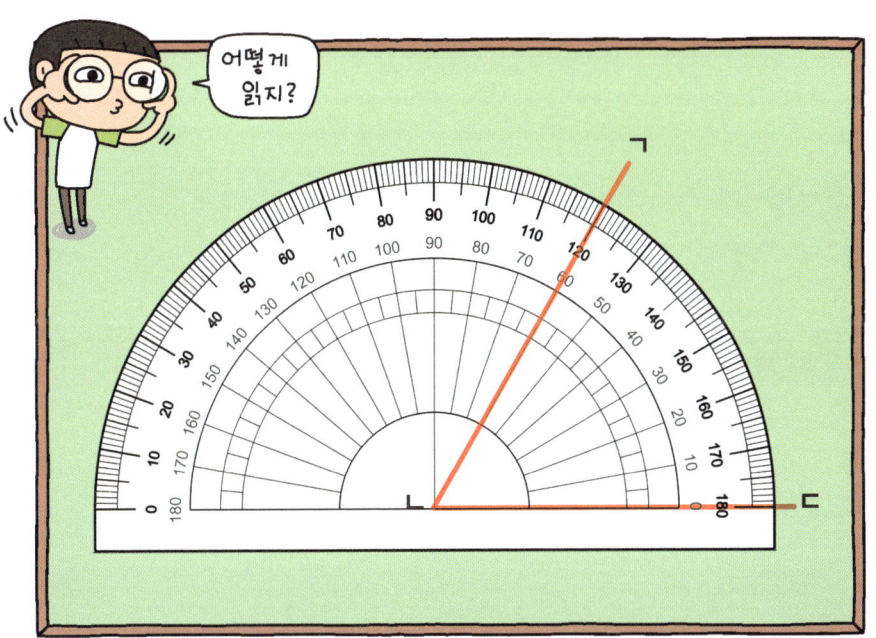

1 60°와 120° 중 마음에 드는 것으로 읽으면 된다.

2 각의 크기가 직각보다 작으니까 60°라고 읽는다.

3 무조건 큰 것이 좋으니까 120°라고 읽는다.

4 두 수를 더해서 180°라고 읽는다.

정답 ❷ 각도기로 각의 크기를 재면 항상 2개의 눈금이 나와요. 이때는 측정하려는 각이 직각보다 큰지 작은지를 살펴봐야 해요. 만약 직각보다 크다면 둘 중 큰 수를 읽고, 직각보다 작다면 작은 수를 읽어야 한답니다.

각도

각의 크기. 한 점에서 시작되는 두 개의 곧은 선이 벌어진 정도

각도란 각의 크기로, 한 점에서 시작되는 두 곧은 선의 벌어진 정도를 말해요. 각의 두 변이 벌어진 정도가 클수록 각도가 크지요. 이때 각도와 변의 길이는 아무 상관이 없어요.

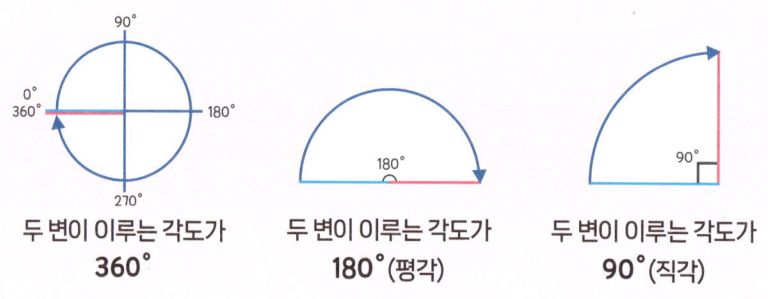

각을 보면 회전의 크기를 알 수 있어요. 원 한 바퀴는 360°예요. 한 바퀴 회전한 각도를 360개로 똑같이 나눈 각도를 **1도**라고 하고 **1°**라고 써요. 반 바퀴만 회전시켜서 두 변이 일직선이 되면 180°, 반의반 바퀴, 즉 $\frac{1}{4}$바퀴 회전시키면 90°가 되지요.

그렇다면 왜 하필 한 바퀴를 360°라고 했을까요? 여러 가지 추측이 있지만 가장 유력한 추측은 360의 약수가 무려 24개나 있어서라고 해요. 그만큼 다양한 크기로 나누기가 쉽다는 의미랍니다.

수직과 수선에 대해 잘못 말한 것은?

1 수직과 수선은 엄연히 다른 개념이야.

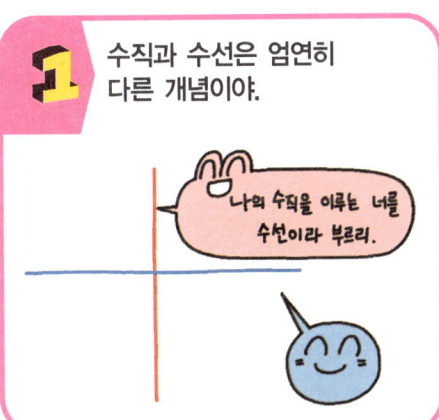

2 한 직선에 대한 수선은 무수히 많아.

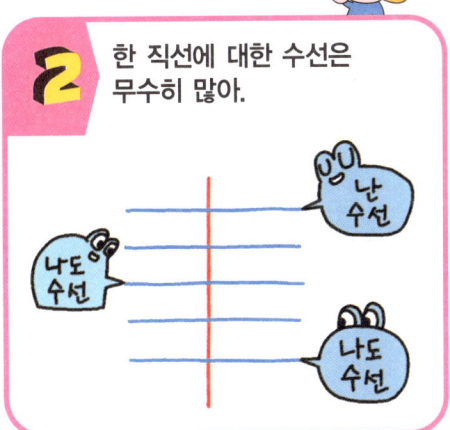

3 직각이 아니어도 수직인 경우가 있어.

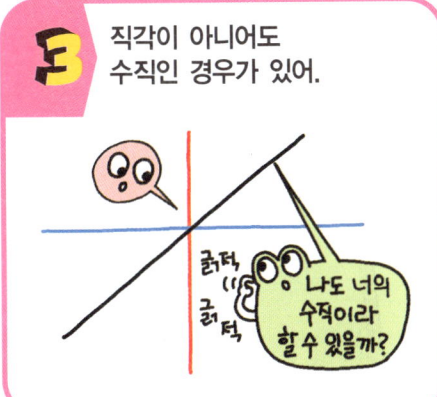

4 내가 너의 수선이라면 너도 나의 수선이야.

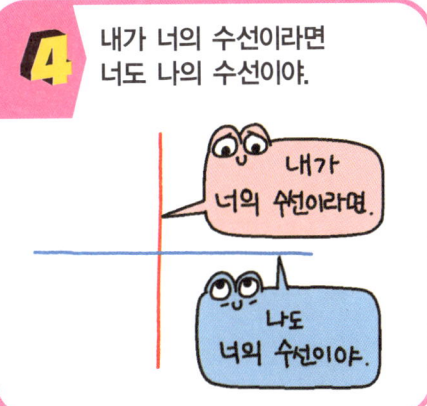

정답 ❸ 수직은 상태, 수선은 이름을 나타내는 용어로 둘은 서로 다른 개념이에요. A라는 직선에 수선을 하나 그리면 그 수선과 평행한 모든 직선은 직선 A의 수선이 되고, 그 수는 무수히 많답니다.

수직과 수선

곧을 **직**
드리울 **수**

수직 : 직선과 직선, 직선과 평면, 평면과 평면이 직각을 이루는 상태
수선 : 수직으로 만나는 선

곧은 선 2개가 한 점에서 만나면 각이 생겨요. 두 직선이 만나서 이루는 각이 직각일 때, 두 직선은 서로 **수직**이라고 해요. 두 직선이 서로 수직으로 만나면 한 직선을 다른 직선에 대한 **수선**이라고 하지요.

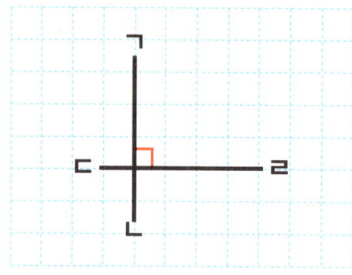

두 직선이 **수직**일 때,
직선 ㄱㄴ의 **수선**은 직선 ㄷㄹ이다.
직선 ㄷㄹ의 **수선**은 직선 ㄱㄴ이다.

그림과 같이 두 직선이 서로 수직일 때, 직선 ㄱㄴ의 수선은 직선 ㄷㄹ이고, 직선 ㄷㄹ의 수선은 직선 ㄱㄴ이에요.
한편, 직선과 직선뿐만 아니라 직선과 평면, 평면과 평면이 서로 직각으로 만나는 경우도 수직이라고 한답니다.

24 퀴즈 난이도 ★★☆

수학 기초 개념 잡기

철길의 두 선로는 왜 **평행선**이라고 할 수 없을까?

1 종점에서는 한 줄로 만나니까

2 꼬불꼬불하니까

3 수선이니까

4 중간중간 한 점에서 만나니까

정답 ❷ 철길의 두 선로가 서로 만나지는 않지만, 두 선로가 다른 선로와 교차하거나 굽은 길에서는 꼬불꼬불 곡선으로 이루어져 있어요. 그래서 철로는 평행선이라고 할 수 없어요.

평행

직선과 직선, 직선과 면, 면과 면이 서로 만나지 않는 상태

서로 만나지 않는 두 개의 곧은 선은 양옆을 아무리 늘여도 절대로 만나지 않아요. 세상 끝까지 늘여도 어느 곳에서도 만나지 않지요. 이처럼 **평행**은 둘 이상의 직선이 아무리 늘여도 만나지 않는 상태를 말해요.

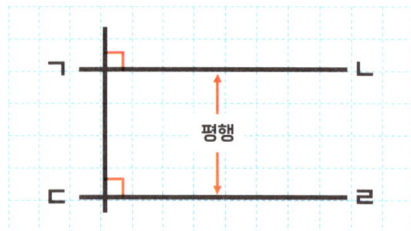

직선 ㄱㄴ과 직선 ㄷㄹ은 **평행**하다.

여기서 직선 ㄱㄴ의 평행선은 직선 ㄷㄹ이 되고, 직선 ㄷㄹ의 평행선은 직선 ㄱㄴ이 되지요. 즉 **평행선**이란 하나의 곧은 선과 평행인 다른 곧은 선을 부르는 이름이랍니다.

삼각형에 대해 바르게 설명한 것은?

1 이각형 다음이 삼각형이다.

2 삼각형 2개를 더하면 육각형이 된다.

3 세 변 중 하나를 밑변으로 정할 수 있다.

4 삼각형의 높이는 밑변의 길이와 같다.

정답 ❸ 이각형은 존재하지 않아요. 삼각형 2개를 더하면 육각형이 될 수도 있지만, 사각형이 될 수도 있어요. 그리고 삼각형의 높이는 밑변의 길이와 같을 수도 있지만, 크거나 작을 수도 있답니다.

삼각형

3개의 선분으로 둘러싸인 도형

삼각형은 이름 그대로 각이 3개라는 뜻으로, 3개의 선분으로 둘러싸인 도형을 말해요. 삼각형에서 3개의 선분을 **변**이라고 하고, 변과 변끼리 만나는 점을 **꼭짓점**이라고 하지요.

삼각형의 특징

❶ 세 각의 크기를 합하면 180°

❷ 한 변의 길이는 나머지 두 변의 길이를 합한 것보다 항상 짧다.

❸ 삼각형의 넓이 = 밑변 × 높이 ÷ 2

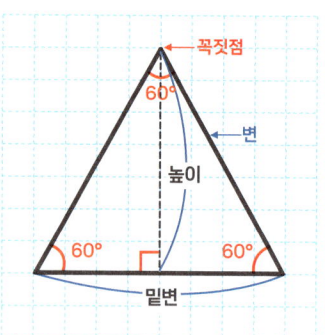

삼각형은 변의 길이에 따라 정삼각형, 이등변삼각형으로 구분하고, 각의 크기에 따라 직각삼각형, 예각삼각형, 둔각삼각형으로 구분해요.

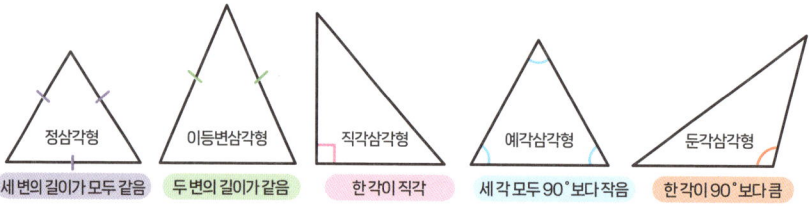

그림 속 **직각삼각형** 2개로 만들 수 없는 도형은?

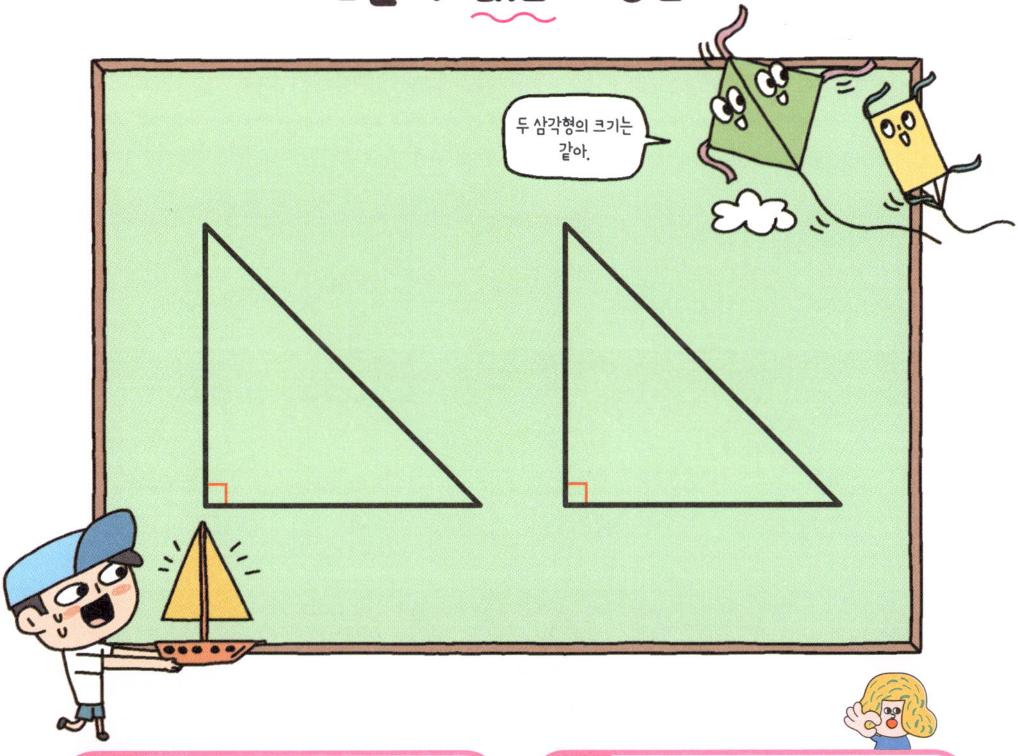

두 삼각형의 크기는 같아.

 1 정삼각형

 2 이등변삼각형

 3 직각삼각형

 4 정사각형

정답 ❶ 주어진 직각삼각형 2개를 붙이면 이등변삼각형, 직각삼각형을 만들 수 있어요. 또 정사각형도 만들 수 있지요. 하지만 세 변이 모두 같은 정삼각형은 만들 수 없답니다.

직각삼각형

한 각이 직각인 삼각형

삼각형의 세 각 중에서 한 각의 크기가 직각(90°)인 삼각형을 **직각삼각형**이라고 해요. 삼각형은 세 각의 합이 180°이니, 직각삼각형에서 직각을 제외한 나머지 두 각의 합은 90°이지요. 직각삼각형에서 가장 긴 변을 **빗변**이라고 해요.

직각삼각형의 특징

❶ 한 각의 크기가 직각(90°)
❷ 직각을 제외한 나머지 두 각의 합은 90°

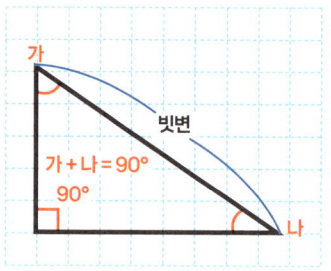

직각삼각형은 이등변삼각형이 될 수는 있지만 절대 정삼각형은 될 수 없어요. 정삼각형은 세 각의 크기가 모두 60°여야 하는데, 직각삼각형은 이미 90°인 각이 존재하기 때문이랍니다.

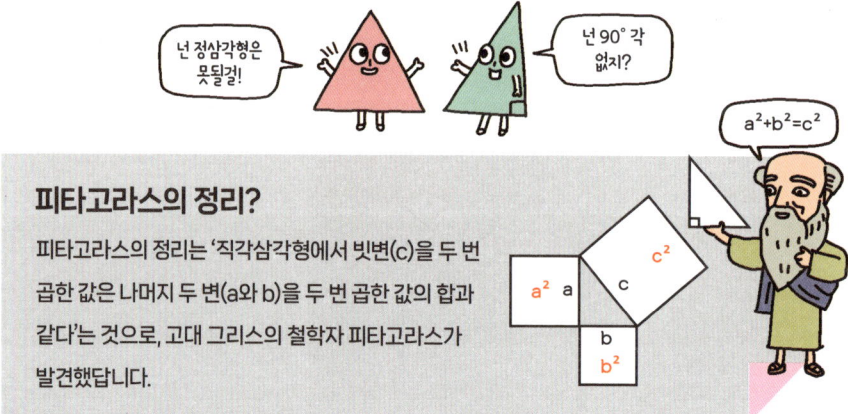

피타고라스의 정리?

피타고라스의 정리는 '직각삼각형에서 빗변(c)을 두 번 곱한 값은 나머지 두 변(a와 b)을 두 번 곱한 값의 합과 같다'는 것으로, 고대 그리스의 철학자 피타고라스가 발견했답니다.

27 퀴즈
난이도 ★☆☆
수학 기초 개념 잡기

이등변삼각형 모양을 활용하지 않은 것은?

1 세모 가랜드

2 삼각 지붕

3 정삼각형 쿠키

4 삼각자

정답 ❹ 그림 속 가랜드와 지붕은 모두 두 변의 길이가 같은 이등변삼각형이에요. 쿠키는 세 변의 길이가 모두 같은 정삼각형인데, 모든 정삼각형은 이등변삼각형이지요.

이등변삼각형

같을 등 / 가 변 / 둘 이

두 변의 길이가 같은 삼각형

이등변삼각형은 두 변의 길이가 같은 삼각형으로, 길이가 같은 두 변이 나머지 다른 한 변과 이루는 두 각의 크기가 항상 같아요. 예를 들어, 길이가 같은 두 변이 이루는 각이 40°라면, 나머지 두 각의 합은 140°예요. 이때 두 각의 크기는 같으므로 한 각의 크기는 70°가 되지요.

이등변삼각형은 높이를 따라 접으면 정확하게 포개지는데, 그 모양은 직각삼각형이랍니다.

이등변삼각형의 특징

❶ 두 변의 길이가 같다.
❷ 두 각의 크기가 같다.
❸ 반으로 접으면 직각삼각형이 된다.

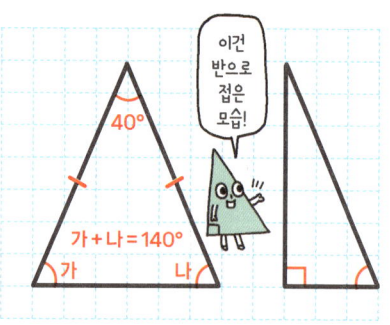

정삼각형에 대해 바르게 설명한 것은?

1 정사각형은 대각선을 따라 자르면 정삼각형이 된다.

2 한 변이 3cm라면, 다른 두 변도 모두 3cm다.

3 정삼각형끼리는 모두 합동이다.

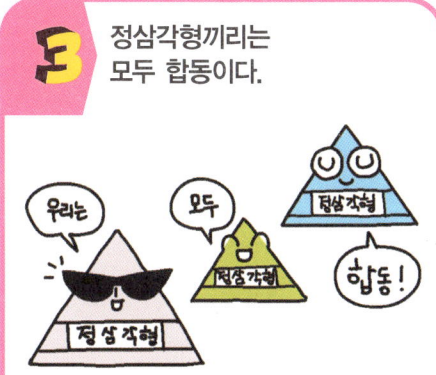

4 세 각의 크기는 모두 90°로 같다.

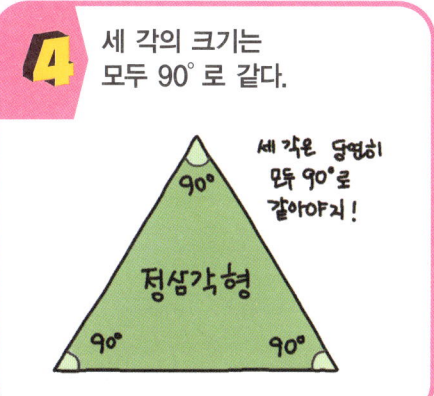

정답 ❷ 정사각형을 대각선으로 자르면 직각삼각형이자 이등변삼각형 두 개가 나와요. 같은 정삼각형이라도 크기가 다르면 합동이 아니지요. 정삼각형의 세 각은 각각 60°랍니다.

정삼각형

바를 정

세 변의 길이와 세 각의 크기가 모두 같은 삼각형

정삼각형은 세 변의 길이가 모두 같아요. 그래서 정삼각형의 둘레는 한 변의 길이를 세 배 한 것과 같은 길이지요.

정삼각형은 세 각의 크기도 똑같아요. 삼각형은 세 각의 크기를 합하면 180°이기 때문에 정삼각형의 한 각의 크기는 60°(180°÷3)가 되지요.

정삼각형의 특징

❶ 세 변의 길이가 같다.
❷ 세 각의 크기가 같다.

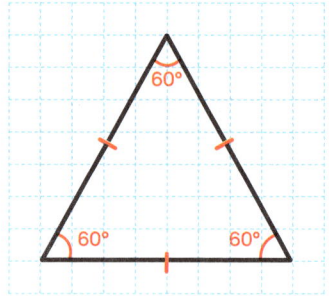

모든 정삼각형은 이등변삼각형이라고 할 수 있어요. 세 변의 길이가 같다는 말은 당연히 두 변의 길이도 같다는 뜻이니까요. 하지만 이등변삼각형이 정삼각형이라고는 할 수 없답니다.

정삼각형은 높이를 따라 접으면 항상 정확하게 포개지는데, 그 모양은 직각삼각형이 되지요.

예각삼각형, 둔각삼각형에 대해 바르게 설명한 것은?

1 예각삼각형은 세 각이 모두 예각이다.

2 둔각삼각형은 세 각이 모두 둔각이다.

3 직각 하나와 예각 두 개가 있어도 예각삼각형이다.

4 둔각삼각형이 예각삼각형보다 크다.

정답 ① 세 각이 모두 둔각인 삼각형은 존재할 수 없고, 직각이 하나 있다면 직각삼각형이에요. 삼각형의 크기는 각의 크기와 상관없기 때문에 어느 것이 더 크다고 할 수 없답니다.

예각삼각형과 둔각삼각형

날카로울 예 → 예각
둔할 둔 → 둔각

예각삼각형 : 세 개의 각이 모두 예각으로 된 삼각형
둔각삼각형 : 세 개의 각 중에 하나가 둔각인 삼각형

삼각형은 직각삼각형이 아니라면 예각삼각형, 둔각삼각형 둘 중 하나예요. 세 각의 크기가 모두 예각(90°보다 작은 각)인 삼각형을 **예각삼각형**이라고 해요. 정삼각형은 세 각이 모두 60°이므로 예각삼각형에 속하지요.

예각삼각형의 특징
세 각의 크기가 모두
0°보다 크고 90°보다 작다.

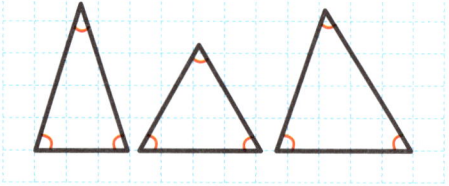

세 각 중 한 각의 크기가 둔각(90°보다 크고 180°보다 작은 각)인 삼각형을 **둔각삼각형**이라고 해요. 한 각이 둔각이면 나머지 두 각은 예각이 될 수밖에 없어요. 예각이 있다고 해서 예각삼각형이라고 착각하면 안 돼요.
예각이나 둔각이 도형의 이름 앞에 붙는 경우는 삼각형밖에 없으니 헷갈리지 않도록 잘 기억해 두세요.

둔각삼각형의 특징
세 각 중 **한 각**의 크기가
90°보다 크고 180°보다 작다.

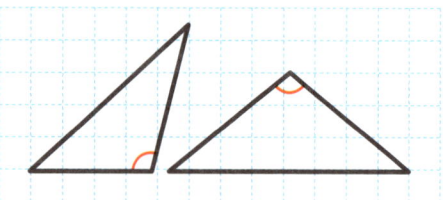

사다리꼴, 평행사변형, 마름모, 정사각형이 모두 될 수 있는 **사각형**은?

1 사다리꼴

2 평행사변형

3 마름모

4 정사각형

정답 ④ 정사각형은 마주 보는 한 쌍의 두 변이 평행하고(사다리꼴), 마주 보는 두 쌍의 변도 평행하며(평행사변형), 네 변의 길이도 같은 사각형(마름모)이기 때문에 사다리꼴, 평행사변형, 마름모가 될 수 있어요.

사각형

4개의 선분으로 둘러싸인 도형

사각형은 각이 4개라는 뜻으로, 4개의 선분으로 둘러싸인 도형을 말해요. 변과 꼭짓점의 개수가 꼭 4개여야 하지요.

사각형의 특징

❶ 네 각의 크기를 합하면 360°
❷ 변과 꼭짓점의 개수가 각각 4개
❸ 사각형의 넓이 = 밑변 × 높이

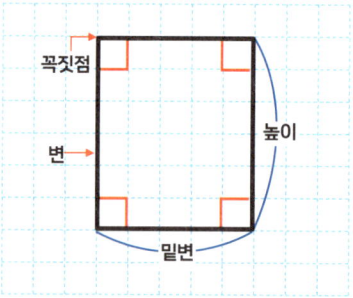

사각형 중에서 마주 보는 한 쌍의 변이 서로 평행한 사각형을 **사다리꼴**이라고 하고, 두 쌍이 모두 평행하면 **평행사변형**이라고 해요. 네 각이 모두 직각이면 **직사각형**, 변의 길이까지 같으면 **정사각형**이지요. 각과 상관없이 변의 길이만 같은 경우는 **마름모**라고 해요. 이처럼 조건이 많아질수록, 모든 조건을 만족하는 사각형의 종류는 줄어든답니다.

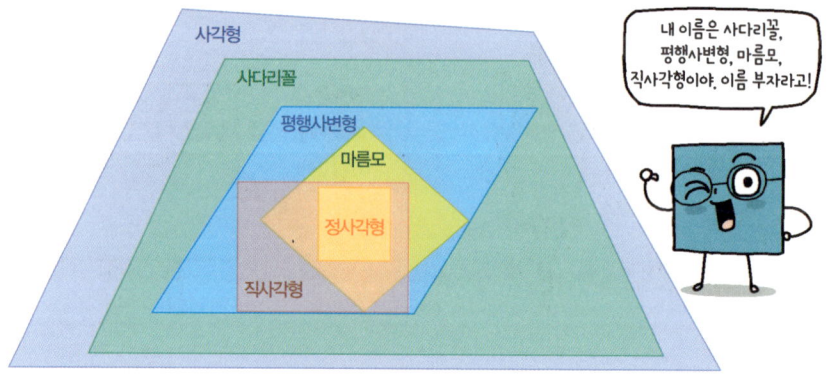

두 도형을 동시에 표현할 수 있는 말이 아닌 것은?

 평면도형

 사각형

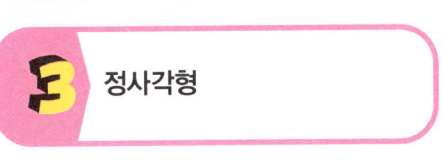 정사각형

 직사각형

정답 ❸ 정사각형과 직사각형은 평면에 표현된 평면도형이자 네 개의 선분으로 둘러싸인 사각형이에요. 정사각형은 네 각이 모두 직각이므로 직사각형이라고 말할 수 있지만, 직사각형은 네 변의 길이가 달라 정사각형이라고 말할 수는 없답니다.

직사각형과 정사각형

직사각형 : 네 각의 크기가 모두 같은 사각형

정사각형 : 네 변의 길이와 네 각의 크기가 모두 같은 사각형

직사각형은 네 각의 크기가 모두 직각(90°)인 사각형이에요. 네 변의 길이가 모두 같지는 않지만, 마주 보는 두 변의 길이는 항상 같아요.

정사각형은 네 변의 길이와 네 각의 크기가 모두 같은 사각형이에요.

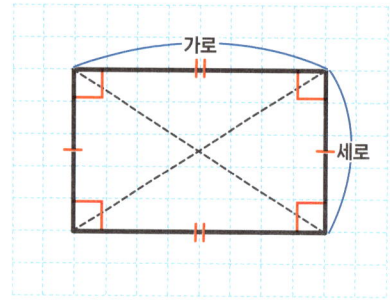
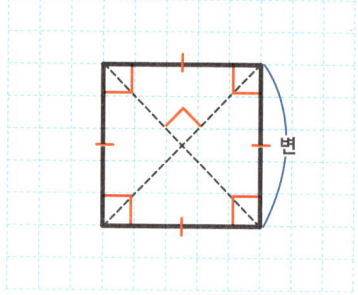

직사각형의 특징

❶ 마주 보는 두 변의 길이가 같다.

❷ 직사각형의 둘레=(가로+세로)×2

❸ 직사각형의 넓이=가로×세로

❹ 직사각형은 정사각형이라고 할 수 없다.

정사각형의 특징

❶ 네 변의 길이가 모두 같다.

❷ 정사각형의 둘레=한 변×4

❸ 정사각형의 넓이=한 변×한 변

❹ 정사각형은 직사각형이다.

그림 속 사다리꼴은 모두 몇 개일까?

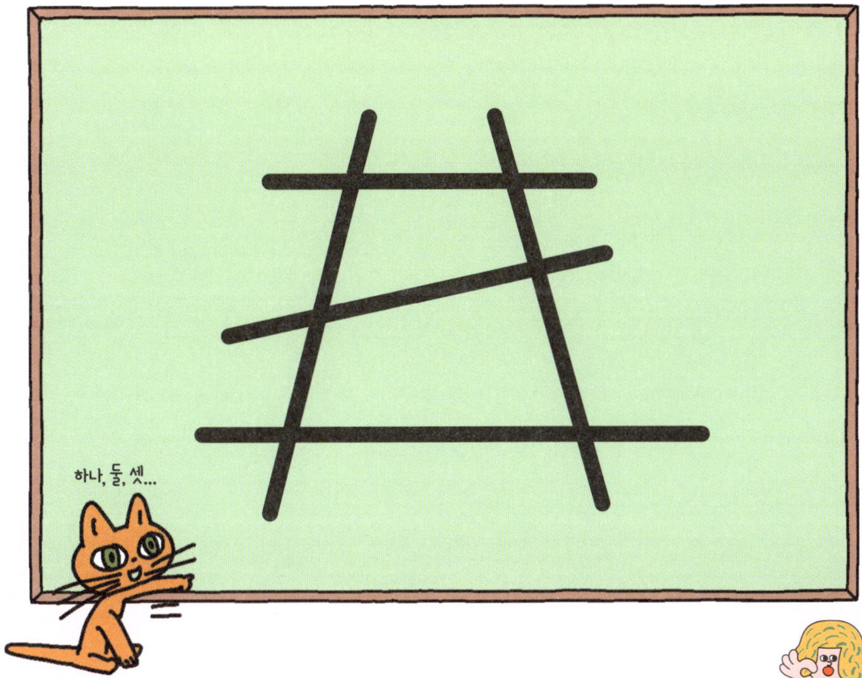

1	1개	"당연히 1개야!"
2	2개	"딱 봐도 두개인데!"
3	3개	"사각형이 세 개나 보이는데 그걸 모르다니!"
4	0개	"없는데!"

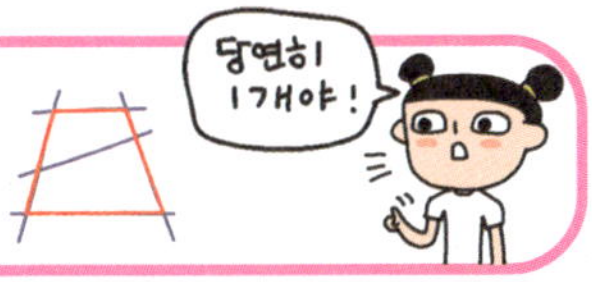

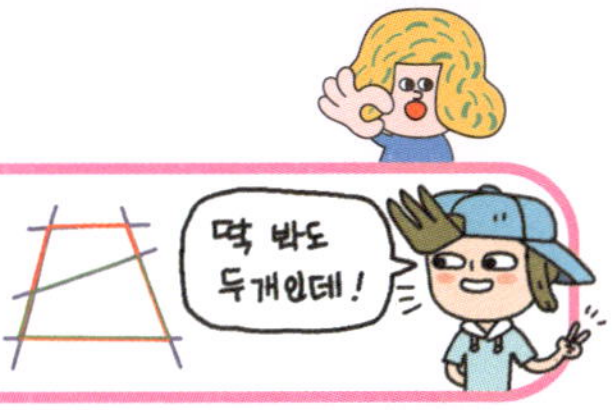

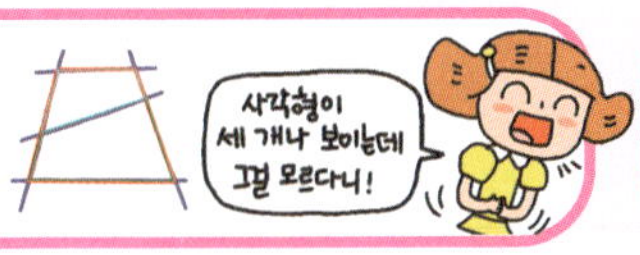

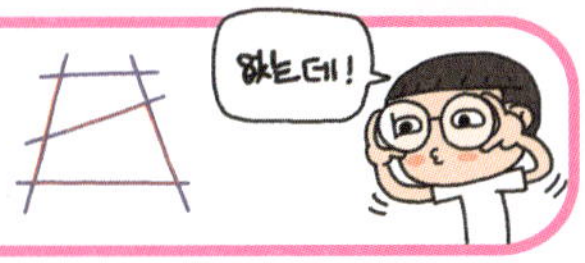

정답 ❶ 그림 속에는 모두 3개의 사각형을 찾을 수 있는데, 그중 마주 보는 한 쌍의 변이 평행한 사다리꼴은 1개랍니다.

사다리꼴

마주 보는 한 쌍의 변이 서로 평행한 사각형

사다리꼴은 마주 보는 한 쌍의 변이 평행한 사각형이에요. 아래는 넓고 위로 갈수록 좁아지는 사다리를 닮아서 사다리꼴이라는 이름이 붙었어요.

사다리꼴의 특징

❶ 마주 보는 한 쌍의 변이 평행하다.
❷ 사다리꼴의 넓이=
　(윗변+아랫변)×높이÷2

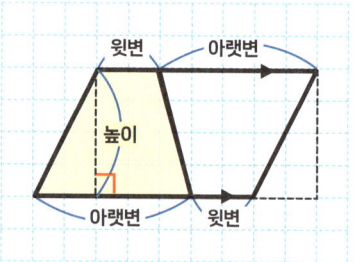

사다리꼴에서 평행한 두 변을 밑변이라 하는데, 밑변은 위치에 따라 윗변, 아랫변으로 구분해요. 두 밑변 사이의 거리는 높이라고 하지요.
사다리꼴의 넓이는 사다리꼴 2개를 붙여 평행사변형으로 만든 후에 구하면 쉬워요. 즉 평행한 윗변과 아랫변을 더한 후 높이를 곱한 다음 2로 나누면 된답니다. 정사각형, 직사각형, 마름모, 평행사변형은 모두 사다리꼴에 해당해요.

평행사변형을 바르게 말한 동물은 누구일까?

1 꿀벌

2 쇠똥구리

3 코끼리

4 뱀

정답 ❹ 꿀벌의 집은 6개의 선분으로 둘러싸인 육각형이고, 쇠똥구리가 만드는 똥은 둥글둥글한 구와 비슷한 모양이에요. 코끼리의 코는 길쭉한 관 모양이지요.

평행사변형

마주 보는 두 쌍의 변이 서로 평행한 사각형

평행사변형은 마주 보는 두 쌍의 변이 평행한 사각형이에요. 평행은 아무리 늘여도 만나지 않는 두 직선을 뜻하고, 사변형은 변이 4개인 도형을 말해요.

평행사변형의 특징
❶ 마주 보는 두 쌍의 변이 평행하다.
❷ 마주 보는 두 변의 길이가 같다.
❸ 대각선을 그으면 도형을 이등분한다.
❹ 평행사변형의 넓이= 밑변×높이

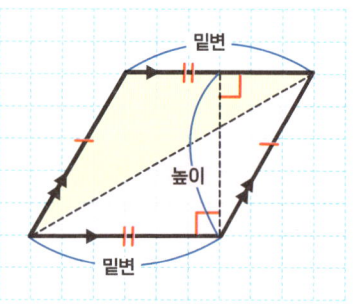

평행사변형의 넓이는 밑변×높이로 간단하게 구할 수 있어요. 모든 삼각형은 자신을 복제해서 180°회전시킨 후 원래의 자신과 이어 붙이면 반드시 평행사변형이 된답니다. 그래서 삼각형의 넓이를 구하려면 평행사변형의 넓이를 구한 후 2로 나누면 되지요.

마름모에 대해 바르게 설명한 것은?

1 모든 직사각형은 마름모이다.

2 모든 마름모는 직사각형이다.

3 모든 정사각형은 마름모이다.

4 모든 마름모는 정사각형이다.

정답 ❸ 마름모는 네 변의 길이가 같아요. 그래서 정사각형은 항상 마름모에 해당하지요. 하지만 마름모는 네 각이 항상 직각일 필요는 없기 때문에 마름모를 직사각형이나 정사각형이라고는 할 수 없답니다.

마름모

네 변의 길이가 모두 같은 사각형

마름모는 네 변의 길이가 모두 같은 사각형이에요. 한 변의 길이만 알면 둘레를 알 수 있지요. 또 마주 보는 두 쌍의 변이 서로 평행하기 때문에 사다리꼴이면서 평행사변형이라고도 할 수 있어요. 그리고 마주 보는 두 각의 크기는 서로 같지만, 네 각의 크기가 항상 같지는 않답니다.

마름모의 특징
❶ 마주 보는 각의 크기가 같다.
❷ 이웃하는 두 각의 크기를 더하면 항상 180°
❸ 마주 보는 두 쌍의 변은 모두 평행하다.
❹ 마름모의 넓이 = (한 대각선 × 다른 대각선) ÷ 2

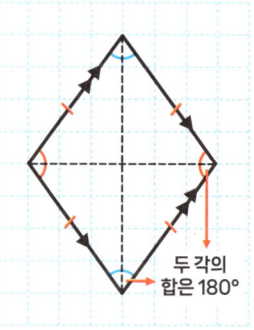

두 각의 합은 180°

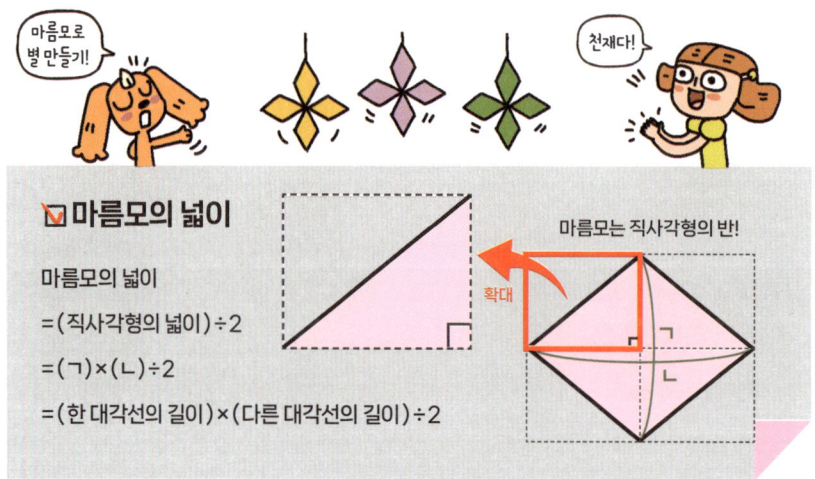

✅ 마름모의 넓이

마름모의 넓이
= (직사각형의 넓이) ÷ 2
= (ㄱ) × (ㄴ) ÷ 2
= (한 대각선의 길이) × (다른 대각선의 길이) ÷ 2

마름모는 직사각형의 반!

벌집이 육각형인 이유는?

1 만들기 쉬워서

2 동그라미를 만들려고 했는데 찌그러져서

3 빈틈없고 튼튼한 집을 만들려고

4 여왕이 유난히 육각형을 좋아해서

정답 ❸ 벌은 많은 개체가 모여 살기 때문에 아주 많은 방이 필요해요. 육각형은 여러 개를 빈틈없이 이어 붙일 수 있어서 외부의 힘을 받아도 쉽게 부서지지 않아 공간을 꽉 채우면서도 튼튼한 집을 지을 수 있지요.

다각형과 정다각형

많을 다

다각형 : 세 개 이상의 선분으로 둘러싸인 평면도형

정다각형 : 모든 변의 길이와 각의 크기가 같은 다각형

다각형은 선분으로만 둘러싸인 도형이에요. 굽은 선이 없어야 하고, 선분의 시작과 끝이 서로 만나서 뚫린 곳 없이 닫혀 있어야 해요. 다각형을 이루는 선분을 **변**이라고 하고, 이 변의 개수에 따라 다각형의 이름이 정해져요. 변이 3개면 삼각형, 4개면 사각형, 100개면 백각형이에요.

다각형 중에서도 변의 길이와 각의 크기가 모두 같은 다각형을 **정다각형**이라고 해요. 변이 3개면 정삼각형, 4개면 정사각형으로 부른답니다.

맨홀 뚜껑이 원형인 이유는?

1 가장 아름다워서

2 맨홀로 빠지지 않게 하려고

3 세모나 네모 모양은 만들기 어려워서

4 주민 투표 결과 원형이 많아서

정답 ❷ 맨홀 뚜껑이 대부분 원형인 이유는 원은 어떤 방향에서도 지름의 길이가 같기 때문에 구멍과 뚜껑의 폭이 일정해 절대 구멍에 빠지지 않는답니다.

원
둥글 원

한 점에서 일정한 거리에 있는 점들이 만든 도형

원은 한 점에서 일정한 거리에 있는 점들을 모아 만든 도형이에요. 원에서 기준이 되는 점을 **원의 중심**이라고 하고, 원의 중심에서 원 위의 한 점까지의 거리를 **반지름**이라고 해요. 원 안에 그을 수 있는 선분 중 원의 중심을 지나는 가장 긴 선분을 **지름**이라고 하는데, 지름의 길이는 항상 반지름의 2배가 되지요.

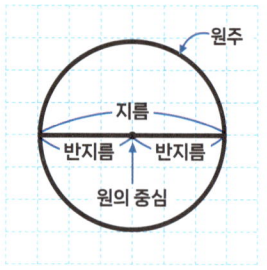

원의 특징
❶ 한 원 안에서 지름의 길이는 모두 같다.
❷ 지름은 반지름의 2배이다.
❸ 원의 둘레(원주) = 지름 × 원주율
❹ 원의 넓이 = 반지름 × 반지름 × 원주율

원 위의 점들이 모인 굽은 선을 원의 둘레, 즉 **원주**라고 해요. 원주를 지름으로 나눈 값을 **원주율**이라고 하며, 그리스 문자 π(파이)로 표기해요. 원주율은 3.1415926535…로 나누어떨어지지 않기 때문에 3이나 3.1, 3.14와 같이 어림해서 사용한답니다.

두 도형이 합동인 경우는 언제일까?

1 변과 각의 개수가 같은 경우

2 두 도형을 포개었을 때 완전히 겹쳐지는 경우

3 변의 길이는 다르지만 각의 크기는 같은 경우

4 각의 크기는 다르지만 변의 길이는 같은 경우

정답 ❷ 두 도형이 합동이라면 변과 각의 개수가 같고, 대응변의 길이와 대응각의 크기가 모두 같아야 해요. 이렇게 된다면 두 도형은 포개었을 때 완전히 겹친답니다.

모양과 크기가 같아서 포개었을 때 완전히 겹치는 두 도형

두 도형이 모양과 크기가 똑같아서 서로 포개었을 때 완전히 겹치는 관계를 합동이라고 해요. 합동인 두 도형이 겹치는 점을 대응점, 겹치는 변을 대응변, 겹치는 각을 대응각이라고 해요. 대응이란 서로 짝이 된다는 말로, 합동이면 서로 짝이 되는 점, 짝이 되는 변, 짝이 되는 각이 생겨요.
합동인 두 도형에서 대응변의 길이와 대응각의 크기는 모두 같답니다.

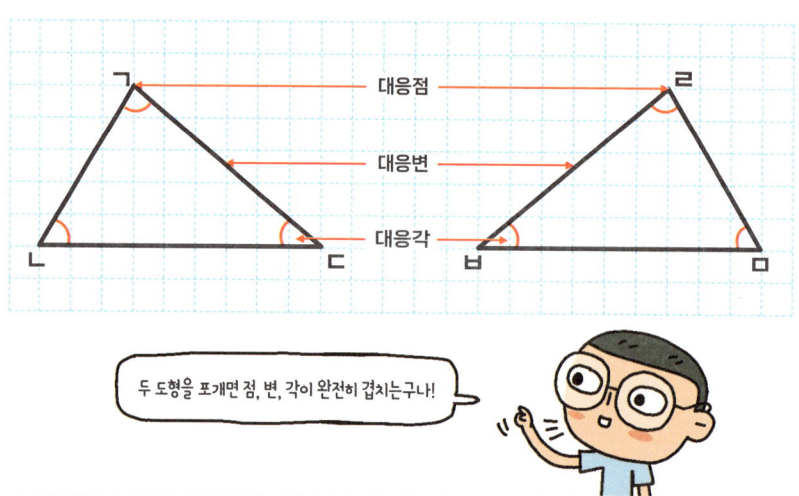

합동인 도형에서 대응변의 길이와 대응각의 크기는 서로 같다.

대응점
점 ㄱ과 점 ㄹ
점 ㄴ과 점 ㅁ
점 ㄷ과 점 ㅂ

대응변
변 ㄱㄴ과 변 ㄹㅁ
변 ㄴㄷ과 변 ㅁㅂ
변 ㄷㄱ과 변 ㅂㄹ

대응각
각 ㄱㄴㄷ과 각 ㄹㅁㅂ
각 ㄴㄷㄱ과 각 ㅁㅂㄹ
각 ㄷㄱㄴ과 각 ㅂㄹㅁ

38 퀴즈
난이도 ★★☆
수학 기초 개념 잡기

사람이나 동식물의 세계에 좌우 대칭 형태가 많은 이유는?

1 지구의 중력 때문에

2 지구의 자전 때문에

3 지구의 공전 때문에

4 달의 영향을 받아서

정답 ❶ 자연에서 좌우가 닮은 대칭 형태를 흔히 볼 수 있는 이유는 지구의 중력이 모든 곳에 골고루 작용하기 때문이라고 해요.

대칭

기준이 되는 점, 선, 면을 사이에 두고 같은 거리에서 마주 보고 있는 것

대칭은 한 점이나 직선 또는 한 면을 사이에 두고 같은 거리에서 마주 보고 있는 경우를 말해요. 사람 얼굴을 비롯해 나뭇잎, 나비, 곤충 등 대칭을 이루는 것들이 아주 많아요. 겨울에 하얗게 내리는 눈의 결정체는 물론이고 우리 눈에 보이지 않는 물이나 산소의 분자식도 대칭을 이루고 있지요. 만약 동물의 몸이 대칭을 이루지 않고 어느 한쪽으로 기울어져 있다면 생활하기 불편할 뿐 아니라 적을 만나도 도망치기 어려울 거예요.

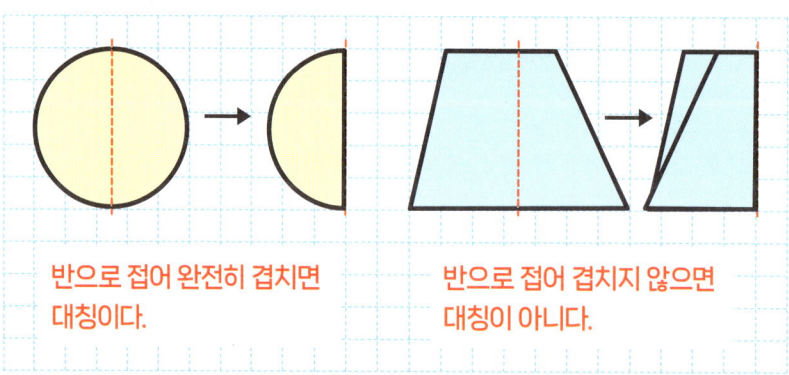

반으로 접어 완전히 겹치면 대칭이다.

반으로 접어 겹치지 않으면 대칭이 아니다.

39 퀴즈

선대칭도형의 대칭축을 잘못 그린 것은?

정답 ❹ 평행사변형은 네 변의 길이가 모두 같은 특수한 경우(마름모)가 아니면 선대칭도형이 될 수 없어요. 선을 중심으로 접었을 때 완전히 겹치지 않거든요.

선대칭도형
줄 선

대칭축을 따라 접었을 때 완전히 겹치는 도형

한 직선을 따라 접었을 때 완전히 겹치는 도형을 **선대칭도형**이라고 해요. 이때 접는 기준이 되는 직선을 **대칭축**이라고 하지요.

선대칭도형의 특징
❶ 대응변의 길이와 대응각의 크기는 서로 같다.
❷ 대응점을 이은 선분은 대칭축과 수직으로 만난다.
❸ 대응점에서 대칭축까지의 거리는 서로 같다.

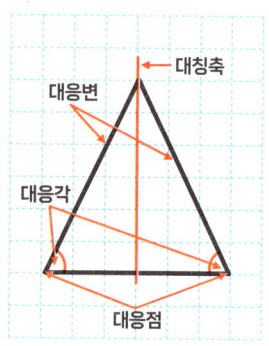

대칭축을 따라 접었을 때 서로 겹치는 점을 대응점, 겹치는 변을 대응변, 겹치는 각을 대응각이라고 해요. 합동인 도형에서 사용했던 용어가 선대칭도형에서도 사용되는 이유는 대칭축을 따라 반으로 잘라 나뉘는 두 도형이 합동이기 때문이랍니다.

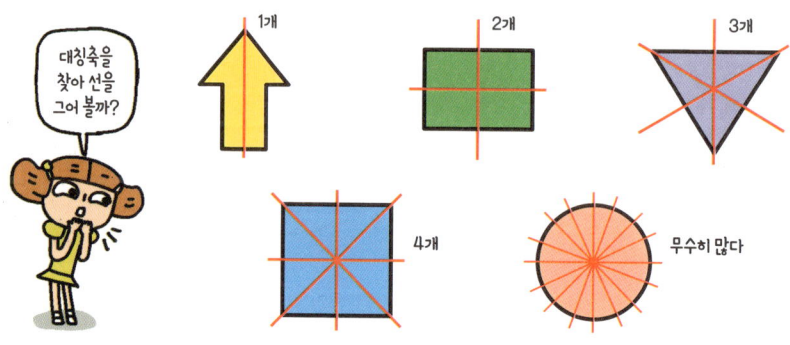

점대칭도형만 참가하는 올림픽에 잘못 나온 도형은?

1 이등변삼각형

2 직사각형

3 원
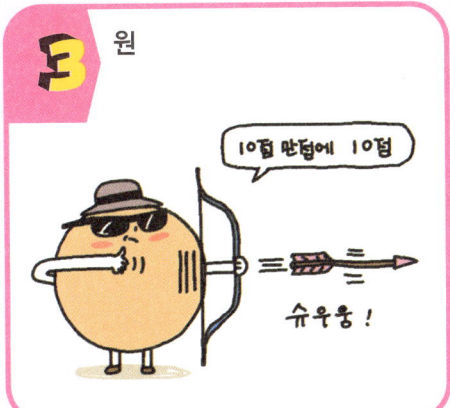

4 정육각형

정답 ① 직사각형, 원, 정육각형은 모두 대칭의 중심을 기준으로 180° 회전시키면 처음 모양이 되는 점대칭도형이에요. 이등변삼각형은 대칭축이 있는 선대칭도형이지, 점대칭도형은 아니에요.

점대칭도형

점찍을 점

한 점을 중심으로 180° 돌렸을 때 처음 도형과 완전히 겹치는 도형

한 점을 중심으로 180° 돌렸을 때 원래 도형에 완전히 겹치는 도형을 **점대칭도형**이라고 해요. 이때 회전의 중심이 되는 점을 **대칭의 중심**이라고 하지요.

점대칭도형의 특징

❶ 대응변의 길이와 대응각의 크기는 서로 같다.

❷ 대응점을 이은 선분은 대칭의 중심을 지난다.

❸ 대칭의 중심은 대응점을 이은 선분을 이등분한다.

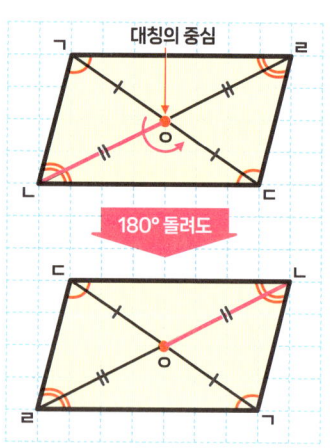

원은 180° 돌렸을 때 원래 도형과 완전히 겹쳐서 **점대칭도형**이에요. 하지만 삼각형은 완전히 겹치지 않아서 점대칭도형이 아니랍니다.

주사위는 왜 **정육면체**일까?

1 점을 그리기 딱 좋아서

2 던질 때 손에 쥐는 느낌이 좋아서

3 6개의 면이 나올 확률을 같게 하려고

4 가장 만들기 쉬워서

정답 ❸ 주사위는 각각의 면이 나올 확률이 같아야 해요. 하지만 주사위가 직육면체라면 유독 넓은 면이 바닥으로 향할 확률이 높아지지요. 그래서 모든 면이 합동인 정육면체로 주사위를 만든답니다.

직육면체와 정육면체

직육면체 : 직사각형 여섯 개로 둘러싸인 도형

정육면체 : 정사각형 여섯 개로 둘러싸인 도형

2차원 평면 위에 있는 도형이 평면도형이라면 입체도형은 3차원 공간에 존재하는 도형이에요. 평면도형에서 꼭짓점, 변, 각 등의 개념이 주로 사용되었다면, 입체도형에서는 꼭짓점, 모서리, 면 등의 개념이 사용돼요. 입체도형에서 선분으로 둘러싸인 부분을 **면**, 면과 면이 만나는 선분을 **모서리**, 모서리와 모서리가 만나는 점을 **꼭짓점**이라고 한답니다.

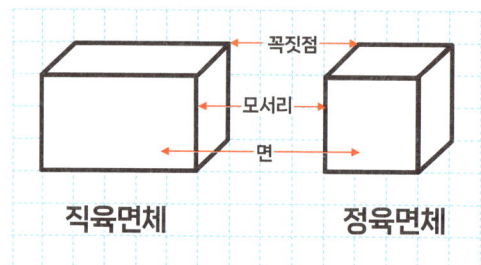

구분	직육면체	정육면체
면의 수	6개	
면의 모양	직사각형	정사각형
면의 크기	다른 것도 있음	모두 같음
모서리의 수	12개	
모서리 길이	다른 것도 있음	모두 같음
꼭짓점의 수	8개	

면이 4개면 사면체, 5개면 오면체, 6개면 육면체라고 불러요. 육면체 중에서 6개의 면이 모두 직사각형으로 이루어진 입체도형을 **직육면체**, 6개의 면이 모두 정사각형으로 이루어진 입체도형을 **정육면체**라고 해요. 모든 정사각형은 직사각형에 포함된다는 원리와 마찬가지로, 모든 정육면체는 직육면체에 해당된답니다.

정육면체를 만들 수 없는 전개도는 어떤 것일까?

1

2

3

4

정답 ❸ 3번 전개도를 접으면 1번 면과 2번 면이 서로 겹쳐서 정육면체를 만들 수 없어요.

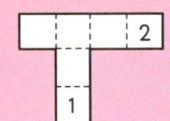

겨냥도와 전개도
펼 전 열 개 그림 도

겨냥도 : 입체도형의 모양을 잘 알 수 있게 그린 그림

전개도 : 입체도형을 펼쳐서 평면에 나타낸 그림

직육면체나 정육면체 같은 입체도형을 보이는 대로 평면에 그리면 입체도형의 모든 면, 모서리, 꼭짓점을 다 나타낼 수 없어요. 뒷부분은 보이지 않으니까요. 입체도형의 보이지 않는 부분까지 잘 알 수 있도록 해 주는 그림이 바로 겨냥도와 전개도랍니다.

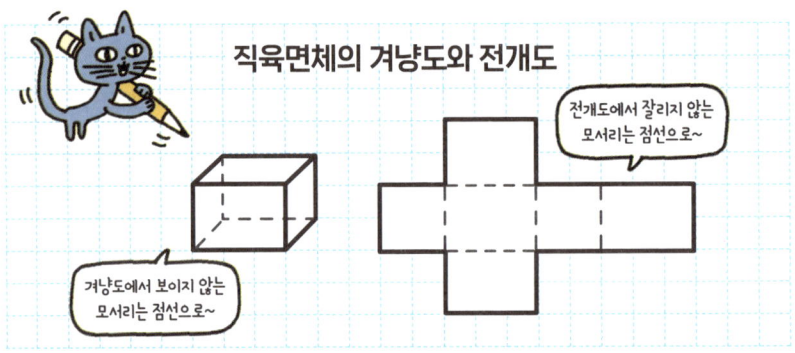

직육면체의 겨냥도와 전개도

겨냥도에서 보이지 않는 모서리는 점선으로~

전개도에서 잘리지 않는 모서리는 점선으로~

겨냥도는 눈에 보이는 부분의 모서리는 실선으로, 보이지 않는 부분의 모서리는 점선으로 그려서 평면 위에 그린 그림이 마치 진짜 입체도형처럼 느껴지도록 표현한 그림이에요.

전개도는 입체도형의 모서리를 잘라서 평면 위에 펼친 그림이에요. 전개도를 그릴 때는 펼친 그림이 하나로 연결되어야 하고, 잘린 모서리는 실선, 잘리지 않는 모서리는 점선으로 표시해야 해요.

내 집은 안 된다! 겨냥도나 그려!

새로운 전개도 발견!

43 퀴즈 난이도 ★★☆

수학 기초 개념 잡기

세상에 존재하는 **정다면체**는 모두 몇 종류일까?

1 셀 수 없이 많다.

2 3개

3 4개

4 5개

정답 ❹ 다면체는 셀 수 없이 많지만, 정다면체는 정사면체, 정육면체, 정팔면체, 정십이면체, 정이십면체 이렇게 5개뿐이에요.

정다면체

각 면이 모두 합동인 정다각형으로 이루어진 다면체

다면체는 사면체, 오면체, 육면체처럼 여러 개의 면으로 둘러싸인 입체도형이에요. 다면체의 한 면은 삼각형, 사각형, 오각형 등 한 종류의 다각형으로만 이루어질 수도 있지만, 여러 종류로 이루어질 수도 있지요.

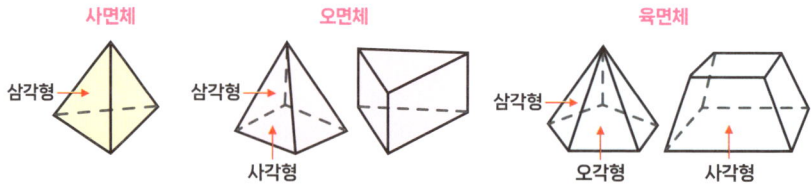

다면체 중에서도 모든 면이 합동인 정다각형이고, 각 꼭짓점에 모인 면의 개수가 같은 다면체를 **정다면체**라고 해요. 정다각형은 무수히 많이 존재하지만, 정다면체는 딱 5개밖에 없답니다.

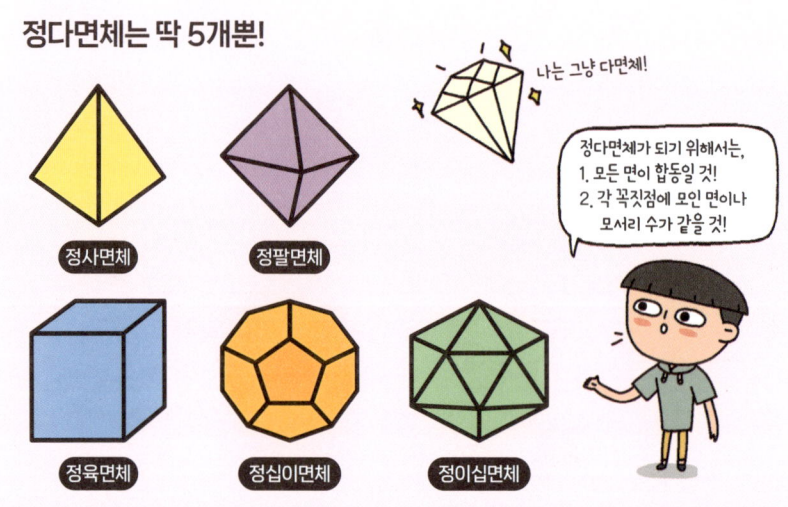

100

각기둥과 각뿔의 공통점은?

1. 밑면의 개수

2. 옆면의 모양

3. 이름 짓는 방법

4. 항상 사각형인 밑면

정답 ❸ 각기둥과 각뿔은 밑면의 모양에 따라 이름을 붙여요. 밑면이 삼각형이면 삼각기둥, 삼각뿔이라고 하고, 밑면이 오각형이면 오각기둥, 오각뿔이라고 하지요.

각기둥과 각뿔

각기둥 : 밑면이 서로 평행하고 합동인 다각형으로 된 입체도형
각뿔 : 밑면은 다각형이고, 옆면이 삼각형인 뿔 모양의 입체도형

각기둥은 2개의 밑면이 서로 평행하고 합동인 다각형으로 이루어진 입체도형으로, 옆면의 모양이 직사각형이에요.

각뿔은 밑면이 1개인 다각형으로, 옆면의 모양이 모두 삼각형인 입체도형이에요. 한쪽 끝이 뾰족한 뿔 모양이어서 각뿔이라는 이름이 붙었어요.

각기둥과 각뿔은 둘 다 밑면이 다각형이어야 하는데, 밑면이 원 모양인 원기둥과 원뿔은 각기둥도 각뿔도 아니랍니다.

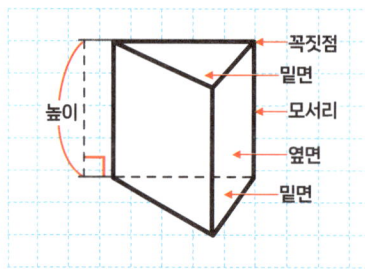
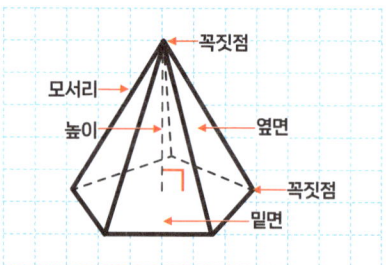

각기둥의 특징
❶ 다각형 밑면이 2개
❷ 두 밑면이 평행하고 합동이다.
❸ 옆면은 직사각형 모양이다.

각뿔의 특징
❶ 다각형 밑면이 1개
❷ 한쪽 끝이 뿔 모양이다.
❸ 옆면은 삼각형 모양이다.

원기둥이 아닌 것은?

1 음료수 캔

2 전봇대

3 두루마리 휴지

4 생일 고깔모자

정답 ❹ 밑면의 모양이 원이고, 옆에서 본 모양이 직사각형이면 원기둥이에요. 음료수 캔, 전봇대, 두루마리 휴지는 원기둥 모양이지만 고깔모자는 원뿔과 비슷해요.

원기둥과 원뿔

원기둥 : 원 모양의 두 밑면이 서로 평행이고 합동인 입체도형

원뿔 : 밑면이 원이고, 옆면이 곡면인 뿔 모양의 입체도형

원기둥은 원 모양의 두 밑면이 서로 평행하고 합동이며, 옆면이 굽은 면으로 된 입체도형을 말해요. 밑면의 모양이 다각형이 아닌 원이라서 원기둥의 옆면은 각기둥과 달리 굽은 면이에요.

원뿔은 원기둥처럼 밑면의 모양이 원이지만 한 개뿐이고, 옆면이 곡면인 뿔 모양의 입체도형을 말해요.

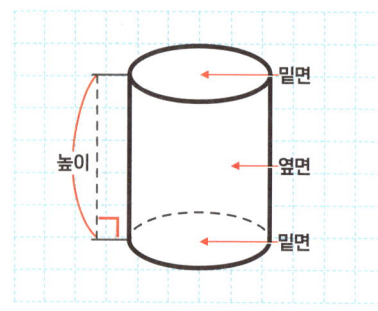
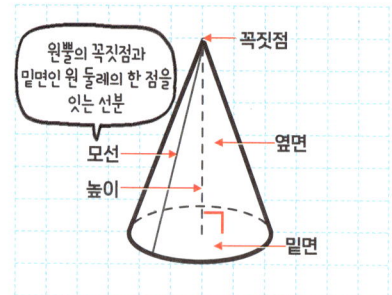

원기둥의 특징
❶ 원 모양의 밑면이 2개
❷ 두 밑면이 평행하고 합동이다.

원뿔의 특징
❶ 원 모양의 밑면이 1개
❷ 한쪽 끝이 뿔 모양이다.

정오각형 12개와 정육각형 20개로 만든 **축구공**은 어떤 입체도형일까?

1 구

2 삼십이면체

3 정삼십이면체

4 무한면체

정답 ❷ 구(球)는 한자로 공을 의미해요. 축구공을 당연히 구라고 생각하는데, 판판한 가죽으로 완벽한 구를 만드는 것은 매우 어려워요. 그래서 수학자들은 정오각형과 정육각형을 이어 붙여 구에 가까운 형태의 삼십이면체를 만들어 냈답니다.

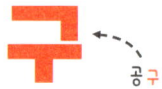

둥근 공 모양의 입체도형

구는 축구공, 야구공처럼 둥근 공 모양의 입체도형을 말해요. 둥글다는 점에서 원과 비슷하지만, 원은 평면에서 정의하는 평면도형이고, 구는 공간에서 정의하는 입체도형이지요.

구의 가장 안쪽에 있는 점을 구의 중심이라고 하고, 구의 중심에서 구의 표면의 한 점을 잇는 선분을 구의 반지름이라고 해요. 구는 어느 방향에서 보아도 모두 원 모양으로 보인답니다.

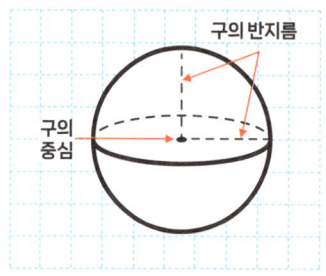

구의 특징
❶ 구의 지름은 항상 원의 중심을 지난다.
❷ 구는 어느 방향에서 보아도 원 모양이다.

2장 마무리 쌤이 뽑은 교과서 속 개념 노트

사각형 구분하는 방법

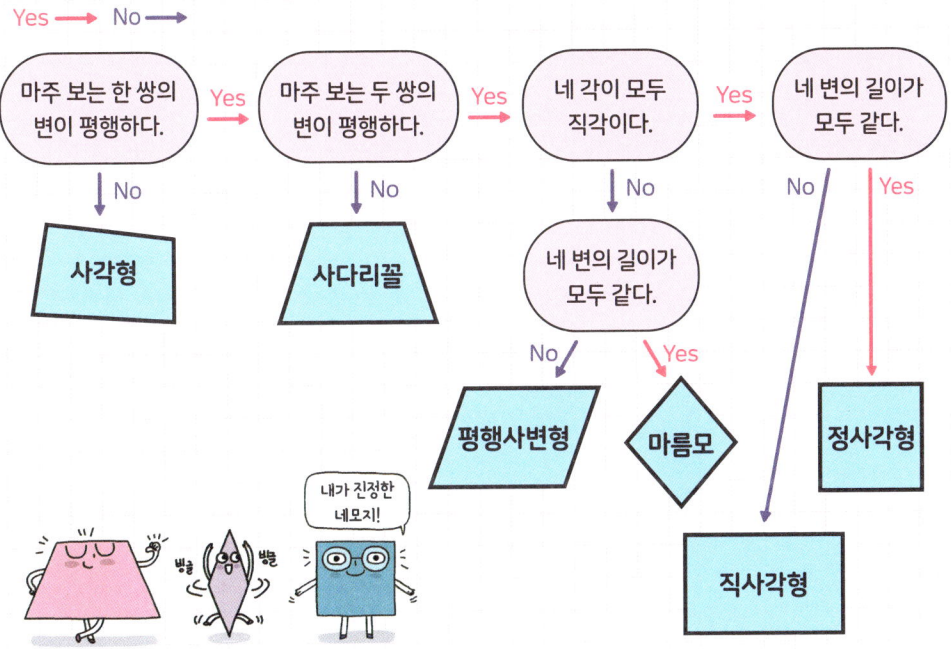

입체도형 특징

구분	각기둥	각뿔	원기둥	원뿔
밑면의 모양	다각형	다각형	원	원
밑면의 수	2개	1개	2개	1개
옆면의 모양	직사각형	삼각형	굽은 면	굽은 면
입체도형				

3장

교과서 속 측정 이야기

측정은 우리 생활과 밀접하게 관련된 시간, 길이, 넓이, 부피, 들이, 무게 등의 속성을 수치화하여, 크기가 어느 정도인지 쉽게 가늠하고 비교할 수 있도록 도와줘요. 3장에서는 다양한 측정 단위와 측정한 값을 단순하게 표현하는 방법인 어림에 대해 알아보아요.

시각과 시간 | 시간의 단위 | 길이의 단위 | 넓이의 단위 | 부피의 단위 | 들이의 단위
무게의 단위 | 이상, 이하, 초과, 미만 | 근삿값 | 어림

47 퀴즈

수학 기초개념잡기 난이도 ★★☆

불교 경전 아비달마대비바사론에 나오는 시간의 최소 단위는?

1 찰나

2 한순간

3 눈 깜박할 사이

4 즉시

> **정답 ①** 찰나는 고대 산스크리트어에서 '순간'을 뜻하는 '크샤나'를 음역한 단어예요. 불교에서 극히 짧은 시간을 가리키는 말이지요. 1찰나는 75분의 1초(약 0.013초)에 해당한답니다.

시각 : 시간의 어느 한 시점으로, 시계의 침이 가리키는 때
시간 : 어떤 시각에서 어떤 시각까지의 사이

시각은 시간을 나타내는 어느 한 시점으로, 시계의 침이 가리키는 때를 말해요. **시간**은 시각의 변화를 표현하는 개념으로, 어떤 시각에서 어떤 시각까지의 사이를 나타내는 말이랍니다.

예를 들어, 3시에 숙제를 시작해서 3시 30분에 끝냈다고 가정해 봐요. 이때 숙제를 시작한 시각은 3시, 숙제를 끝낸 시각은 3시 30분이면, 숙제하는 데 걸린 시간은 30분이라고 할 수 있지요.

따라서 지금 몇 시인지 궁금할 때 "지금 시간은 몇 시야?"보다는 "지금 시각은 몇 시야?"라고 물어보는 것이 정확해요. 마찬가지로 "숙제하는 데 걸린 시각이 얼마야?"가 아닌 "숙제하는 데 걸린 시간이 얼마야?"라고 물어봐야 올바른 표현이랍니다.

1시간은 왜 60분일까?

1 교과서에 그렇게 나와 있어서

2 UN에서 정한 규칙이라서

3 나누기 편해서

4 전 세계 사람이 가장 좋아하는 수라서

정답 ❸ 60은 나누기 편리한 수로, 실생활에서 매우 유용하게 사용해요. 1시간이 60분이므로, 두 가지 일은 30분씩, 세 가지는 20분씩, 네 가지는 15분씩, 다섯 가지는 12분씩, 여섯 가지는 10분씩 편리하게 나눠서 할 수 있지요.

시간의 단위

시간을 측정할 때 기초가 되는 기준. 초, 분, 시간

시계에서 초바늘(초침)이 작은 눈금 한 칸을 가는 데 걸리는 시간을 1초라고 해요. 초바늘이 한 바퀴를 도는 데 걸리는 시간은 1분(60초)이에요. 마찬가지로, 긴바늘(분침)이 한 바퀴 돌면 1시간(60분)이에요. 고대 바빌로니아 사람들은 10진법 대신에 나누기 편한 60진법을 썼어요. 1시간을 60으로 나누고, 1분도 60으로 나누었는데, 이 방법은 오늘날까지 이어져 1시간은 60분, 1분은 60초가 되었지요. 시간의 기본 단위는 **초**랍니다.

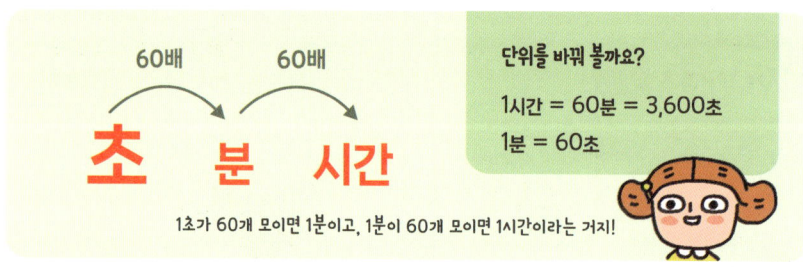

짧은바늘(시침)이 한 바퀴 돌면 12시간, 두 바퀴 돌면 24시간이니까 하루는 24시간이지요. 1년은 12개월이고 날수로는 365일이랍니다.

49 퀴즈 난이도 ★★☆

수학기초개념잡기

길이를 나타낼 때 미터법을 사용하지 않는 나라는?

1 프랑스

2 이집트

3 대한민국

4 미국

정답 ❹ 세계 여러 나라가 대부분 길이 단위를 미터(m), 무게 단위를 킬로그램(kg)으로 사용하는 미터법을 따르고 있는데, 미국은 인치(in), 피트(ft), 야드(yd), 마일(mile) 등으로 길이를 나타내는 야드파운드법을 사용해요.

길이의 단위

길이를 잴 때 기초가 되는 기준. **mm**(밀리미터), **cm**(센티미터), **m**(미터), **km**(킬로미터)

길이는 어떤 물건의 한끝에서 다른 한끝까지의 거리를 말해요. 길이를 재는 기본 단위는 **m(미터)**예요.

옛날에는 물건을 측정하는 단위가 통일되지 않았어요. 최초의 1m도 현재의 길이가 아니었다고 해요. 적도에서 프랑스 파리를 거쳐 북극까지의 거리인 프랑스 자오선을 $\frac{1}{10000000}$로 나눈 값이었지요. 그러다가 미터법이 좀 더 정확하게 완성되어, 현재는 빛이 진공 상태에서 $\frac{1}{299792458}$초 동안에 이동한 거리를 1m로 정의한답니다.

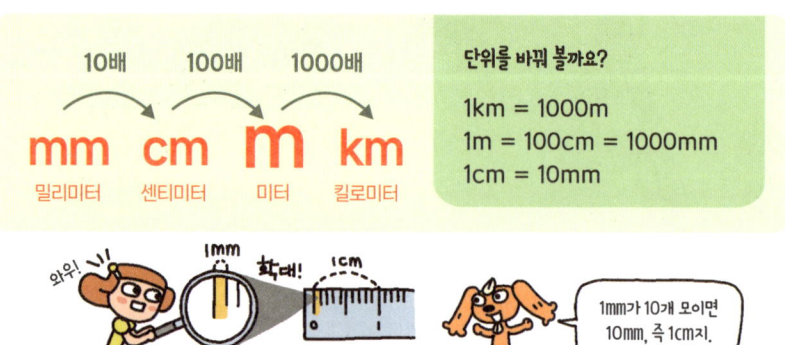

단위를 바꿔 볼까요?
1km = 1000m
1m = 100cm = 1000mm
1cm = 10mm

1mm가 10개 모이면 10mm, 즉 1cm지.

단위의 개념을 알면 계산이 쉬워진다?

미터는 '재다'라는 뜻의 그리스어 metre에서 유래되었어요.
길이의 단위에서는 **m**를 기준으로 다른 단위의 이름이 정해진답니다.

cm의 **센티**(centi-)는 $\frac{1}{100}$이라는 뜻으로, **m**의 $\frac{1}{100}$이라는 뜻이에요.
mm의 **밀리**(milli-)는 $\frac{1}{1000}$이라는 뜻으로, **m**의 $\frac{1}{1000}$배!
km의 **킬로**(kilo-)는 1000이라는 뜻으로, **m**의 1000배!

쉽다!

세계에서 국토가 가장 **넓은** 나라는?

1. 러시아

2. 캐나다

3. 중국

4. 대한민국

정답 ❶ 러시아의 면적은 약 17098246㎢로 모든 나라 중 가장 땅이 넓어요. 캐나다는 약 9984670㎢로 두 번째, 미국은 약 9833517㎢로 세 번째, 중국은 약 9640821㎢로 네 번째예요. 대한민국은 약 100412㎢로 전 세계 108위라고 해요.

넓이의 단위

넓이를 잴 때 기초가 되는 기준. cm^2(제곱센티미터), m^2(제곱미터), km^2(제곱킬로미터)

넓이는 일정한 평면에서 차지하는 공간의 크기로, 면적이라고도 해요. 보통 도형의 넓이는 가로와 세로를 곱해서 구하는데, 가로 몇 m에 세로 몇 m를 곱하면 m가 두 번 들어가기 때문에 m를 2번 곱한 m^2를 넓이의 단위로 사용한답니다.

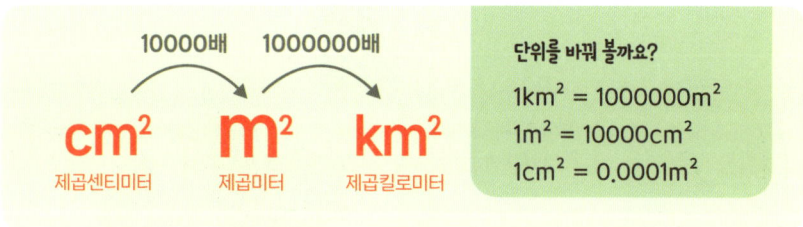

공간이나 물건의 넓이가 다르다 보니, 넓이를 측정하려면 기준이 되는 단위 넓이가 필요해요. **단위 넓이**란 $1cm^2$, $1m^2$, $1km^2$처럼 단위가 무엇이든 크기가 1인 넓이를 뜻해요. 어떤 도형 안에 단위 넓이 $1cm^2$가 12번 들어간다면 그 도형의 넓이는 $12cm^2$랍니다.

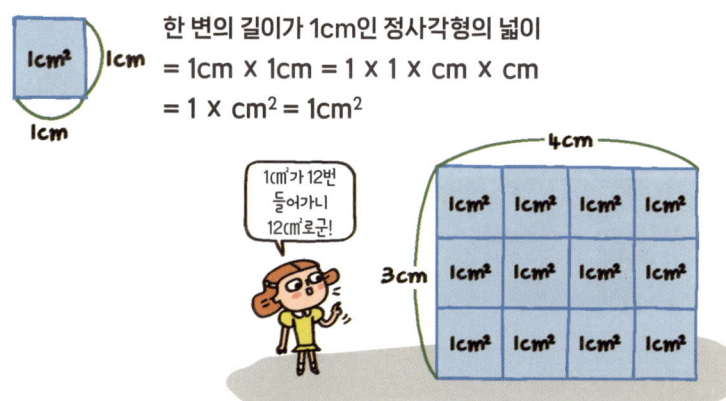

정육면체의 모서리 길이가 2배로 길어진다면 **부피**는 얼마나 커질까?

1 2배

2 24배

3 8배

4 부피는 변하지 않는다.

정답 ❸ 정육면체의 부피는 한 모서리의 길이를 세 번 곱해야 하니 2를 세 번 곱한 8배예요.

부피의 단위

부피를 잴 때 기초가 되는 기준. cm^3(세제곱센티미터), m^3(세제곱미터)

부피는 어떤 물체가 공간에서 차지하는 크기를 말해요. 부피의 기본 단위에는 cm^3(세제곱센티미터), m^3(세제곱미터)가 있어요. cm^3는 주로 각설탕, 물통 등 비교적 작은 공간의 부피를 나타낼 때 사용하고, m^3는 교실이나 체육관 등 큰 공간의 부피를 나타낼 때 사용하지요.

입체도형의 부피를 측정하려면 단위 부피를 사용하는데, **단위 부피**란 부피의 단위가 무엇이든 크기가 1인 부피를 뜻한답니다. 부피를 구하는 공식은 '가로×세로×높이'로, 한 모서리의 길이가 1cm인 정육면체의 부피를 계산하면 1cm×1cm×1cm인 $1cm^3$예요.

$1m^3$는 한 모서리의 길이가 모두 1m인 정육면체의 부피로, $1m^3$는 $1000000cm^3$이지요.

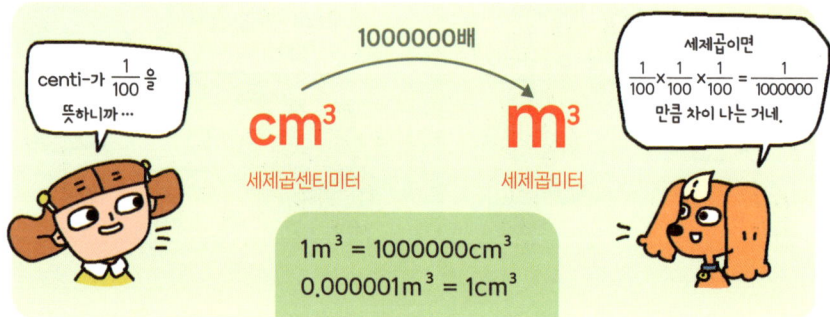

52 퀴즈 난이도 ★★☆
수학 기초 개념 잡기

□ + △ + ○ 는 얼마일까?

□ = 1L

△ = 500mL + □

□ = 800mL + ○

얼마일까?

1. 2.3L
2. 2.7L
3. 1300mL
4. 2300mL

정답 ❷ 1L는 1000mL이므로 □는 1000mL예요. △는 500+1000이므로 1500mL 예요. ○는 1000-800이므로 200mL이지요. 따라서 □+△+○는 1000+1500+200 이므로 2700mL. 단위를 L로 바꾸면 2.7L예요.

들이의 단위

들이를 잴 때 기초가 되는 기준. **mL**(밀리리터), **L**(리터), **kL**(킬로리터)

들이는 그릇 안쪽 공간의 크기로, 그릇 안에 물 등이 얼마나 들어가는지 측정할 때 쓰는 개념이에요. 부피와 비슷해 보이지만 엄연히 다르답니다. 들이의 양을 나타낼 때 우리 선조들은 홉, 되, 말 같은 단위를 사용했는데, 오늘날 우리는 **mL**(밀리리터)와 **L**(리터)를 사용해요.

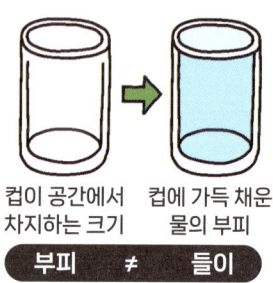

컵이 공간에서 차지하는 크기 | 컵에 가득 채운 물의 부피

부피 ≠ 들이

한 모서리의 길이가 1cm인 정육면체의 부피를 $1cm^3$라고 하는데, 이때 이 그릇의 들이를 1mL라고 해요. 따라서 한 모서리가 10cm인 정육면체에 담을 수 있는 물의 양은 1L랍니다. 우리나라에서는 리터를 ℓ 로 표시하기도 해요.

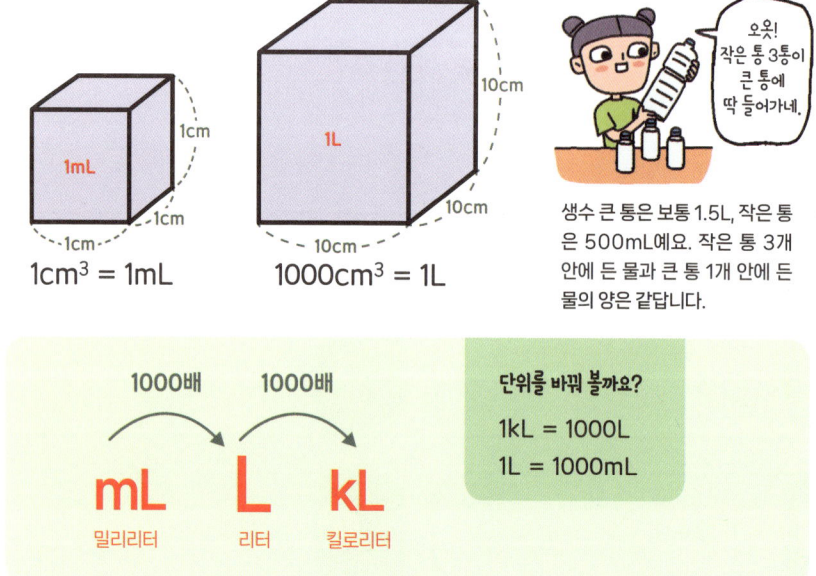

$1cm^3$ = 1mL

$1000cm^3$ = 1L

생수 큰 통은 보통 1.5L, 작은 통은 500mL예요. 작은 통 3개 안에 든 물과 큰 통 1개 안에 든 물의 양은 같답니다.

1000배 → 1000배 →
mL → **L** → **kL**
밀리리터 / 리터 / 킬로리터

단위를 바꿔 볼까요?
1kL = 1000L
1L = 1000mL

□ - △ + ○ 는 얼마일까?

□ + □ = 1kg

□ + △ = 800g

△ - ○ = 0.2kg

힌트!
1kg = 1000g

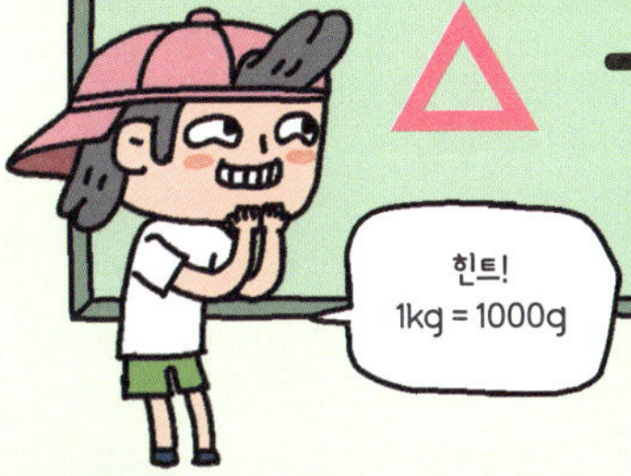

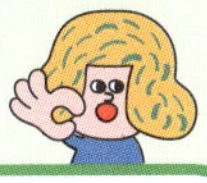

1. 100g
2. 300g
3. 500g
4. 1kg

정답 ❷ 1kg은 1000g이므로, □+□=1000이라면 □는 500g이에요. △는 800-500이므로 300g이에요. 0.2kg은 200g이므로, △-○=200g이에요. 즉 ○=300-200=100g이지요. 따라서 □-△+○는 500-300+100=300g이랍니다.

무게의 단위

무게를 잴 때 기초가 되는 기준. g(그램), kg(킬로그램), t(톤)

무게는 어떤 물체의 무거운 정도를 말해요. 무게의 단위는 **g(그램)**, **kg(킬로그램)** 등이 있어요. 한 모서리의 길이가 1cm인 정육면체에 물을 가득 채웠을 때의 무게를 1g이라고 해요. 킬로는 1000을 의미하므로 1kg은 1000g과 같아요.

일상생활에서는 g과 kg 정도만 사용해도 무게를 나타낼 때 큰 문제가 없어요. 하지만 자동차나 배, 비행기와 같이 거대한 물체의 무게를 나타낼 때는 **t(톤)** 을 써요. 1t은 1000kg과 같아서 5000kg은 5t, 100000kg은 100t처럼 간단하게 표현할 수 있답니다.

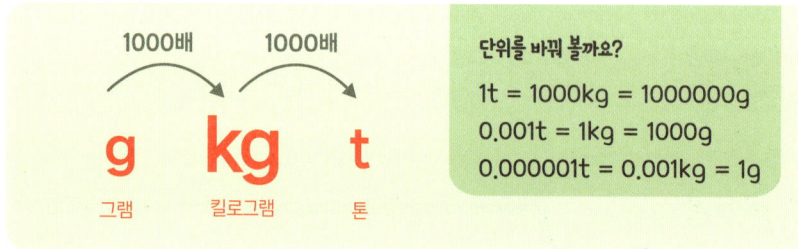

숫자 5가 **포함**되지 않는 경우는?

1. 강아지가 태어났어. 1마리 이상 5마리 이하야.

2. 할머니는 고양이를 키워. 1마리 초과 5마리 미만이야.

3. 어제는 3을 초과한 홀수만큼 빵을 먹었어.

4. 사과가 6 미만인 홀수만큼 남았어.

정답 ❷ 1번은 1, 2, 3, 4, 5로 5가 포함되고, 3번은 5, 7, 9…이므로 5가 포함되어요. 4번은 1, 3, 5여서 5가 포함되지요. 하지만 2번은 2, 3, 4로 5가 포함되지 않아요.

이상, 이하, 초과, 미만

이상 : 어떤 수와 같거나 큰 수 | **이하** : 어떤 수와 같거나 작은 수

초과 : 어떤 수보다 큰 수 | **미만** : 어떤 수보다 작은 수

우리는 사물의 수, 무게, 길이 등을 정확하게 표현하기도 하지만 그렇지 않을 때도 있어요. 상자에 담긴 초콜릿의 개수가 5개보다는 많고 10개보다는 적다는 걸 알지만 정확한 개수를 모를 때나, 친구의 시험 점수가 나보다 높은 건 알겠는데 정확하게 몇 점인지 모를 때 대충 어림잡아서 표현하지요. 이런 상황에서 **이상**, **이하**, **초과**, **미만**과 같은 개념을 사용하여 수의 범위를 나타낼 수 있답니다.

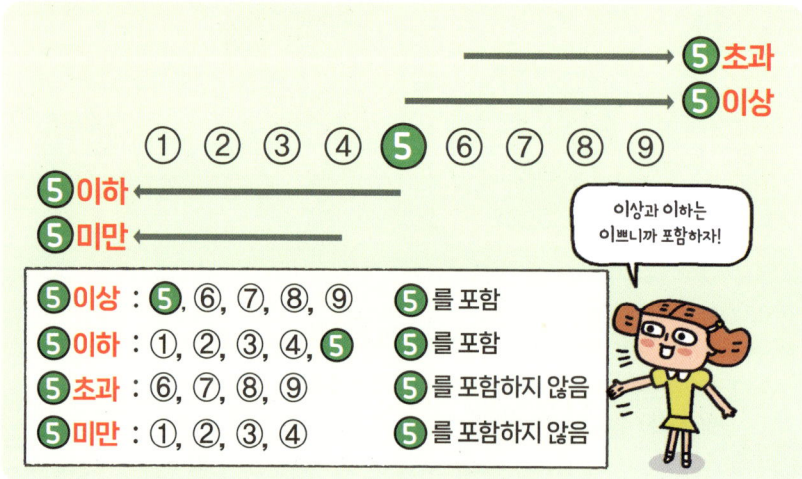

이상은 어떤 수보다 크거나 같은 수이고, **이하**는 어떤 수보다 작거나 같은 수예요. 또 **초과**는 어떤 수보다 큰 수이고, **미만**은 어떤 수보다 작은 수를 말하지요. 이상과 이하는 기준이 되는 수를 포함하고, 초과와 미만은 포함하지 않는답니다.

근삿값의 크기가 다른 수는?

1 415를 일의 자리에서 올림한 수

2 415를 일의 자리에서 반올림한 수

3 415를 일의 자리에서 버림한 수

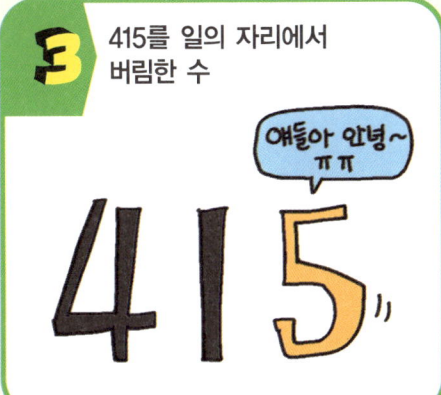

4 429를 일의 자리에서 버림한 수

정답 ❸ 415를 일의 자리에서 올림하면 420이 되고, 반올림해도 420이 되지요. 429도 일의 자리에서 버림하면 420이 되어요. 하지만 415를 일의 자리에서 버림하면 근삿값이 410이 된답니다.

근삿값

참값은 아니지만 참값에 가까운 값

어떤 수나 양을 대충 어림잡아 나타낼 때 **근삿값**을 사용해요. 참값은 아니지만 참값에 아주 가까운 값을 근삿값이라고 하는데, 올림, 버림, 반올림하여 구할 수 있어요.

올림은 구하려는 자리의 아래 자리의 수를 0으로 만들고, 구하려는 자리의 수에 1을 더하는 방법이에요. 마치 아래 자리의 수가 구하려는 자리로 올라온 것 같아서 올림이라고 부르지요.

243을 올림하여 십의 자리까지 나타내면? 243 ➜ 250

버림은 구하려는 자리의 아래 자리의 수를 버려서 0으로 바꾸고 구하려는 자리의 수는 그대로 두는 방법이에요. 마치 아래 자리의 수를 버리는 것 같아서 버림이라고 불러요.

243을 버림하여 십의 자리까지 나타내면? 243 ➜ 240

반올림은 구하려는 자리의 아래 자리의 수가 5 미만이면 버림을, 5 이상이면 올림을 하는 방법이에요.

243을 반올림하여 십의 자리까지 나타내면? 243 ➜ 240
246을 반올림하여 십의 자리까지 나타내면? 246 ➜ 250

버림은 구하려는 자리의 아래 자리의 수를 0으로 바꾸면 끝!

반올림은 구하려는 자리의 아래 자리의 수가 5 이상인지 아닌지 확인해야 해!

어림을 제대로 한 사람은 누구일까?

1 사탕이 9개 남았으니, 어림잡아 0개 남은 거나 같아.

2 쿠키 95개를 10개씩 담으려면 어림잡아 상자 9개가 필요해.

3 18분을 기다리라고? 어림잡아 100분 기다리는 셈이네.

4 $\frac{1}{3}$을 백분율로 나타내면 33.33…이니 어림잡아 33.3%야.

정답 ❹ 사탕은 어림해 10개 정도 남았다고 해야 하고, 쿠키 수는 100개로 어림하여 상자 10개를 준비해야 해요. 대기 시간은 약 20분 정도라고 어림하지요. 어림을 제대로 하지 못하면 참값이 왜곡된답니다.

어림

대강 짐작으로 헤아린 수나 양

어림은 정확하게 계산하지 않고 대강 짐작으로 헤아리는 것을 말해요. 보통 자릿수가 많은 수를 계산할 때 올림, 버림, 반올림을 활용해서 근삿값을 구하는 방법이지요.

예를 들어, 벚꽃이 유명한 여의도에 수많은 사람으로 발 디딜 틈 없을 때, 한나절 만에 23만 9910명이 찾았다고 말하는 것보다는 '24만여 명'이 찾았다고 말하지요. 또 야구 경기장을 찾은 관람객 수 역시 5만 1670명이라고 하지 않고 '5만여 명이 훨씬 넘는다.'고 표현할 수 있답니다.

이처럼 정확한 수나 양이 필요하지 않거나 길이, 무게 등을 도구로 측정하거나 계산하는 과정에서 몫이 딱 나누어떨어지지 않는 경우에 어림을 하지요.

3장 마무리 교과서 개념이 쏙 담긴
단위 퀴즈

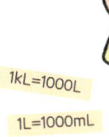

1km = 1000m
1cm = 10mm
1000kg = 1t

1kL = 1000L
1L = 1000mL

실생활에 유용하게 쓰이는 단위!
여러 가지 단위 퀴즈를 맞혀 보세요.

시간

선우는 오후 1시 25분에 숙제를 시작해서, 65분 후에 마쳤어요. 오후 5시에는 피아노 학원을 가요. 선우가 숙제를 마친 후, 피아노 학원을 갈 때까지 몇 분이 남았을까요?
(1시간=60분)

무게

지우 모래통에는 모래가 12500g 들어 있었어요. 지우가 8400g을 더 넣었다면, 지우 모래통에는 모래가 몇 kg 들어 있을까요?
(1kg=1000g)

넓이

체육관 바닥 84m²에 매트를 깔아야 해요. 매트 한 장당 30000cm²일 때, 필요한 매트는 모두 몇 장일까요? (1m²=10000cm²)

길이

길이가 6.78m인 벽지를 가로로 62cm만 잘라서 사용했어요. 남은 벽지의 길이는 몇 cm일까요? (1m=100cm)

들이

엄마는 6700mL의 국을 끓여서 아침 식탁에 1.6L를 낸 뒤, 남은 국의 절반을 냉동실에 넣어 얼렸어요. 엄마가 얼린 국은 몇 mL일까요?
(1L=1000mL)

부피

영수는 부피가 24cm³인 상자를 샀어요. 다음 중 상자의 가로, 세로, 높이의 길이를 바르게 나타낸 것은 무엇일까요?

① 가로 8cm, 세로 2cm, 높이 3cm
② 가로 2cm, 세로 2cm, 높이 6cm
③ 가로 10cm, 세로 4cm, 높이 10cm

정답은 175쪽에

4장

교과서 속
규칙성과 자료 이야기

우리 생활 속에서 일어나는 여러 가지 현상 중에는 다음에 올 것이 예상되는 특정한 규칙을 발견할 수 있어요. 또한 따로 존재하는 다양한 자료들을 수집하고 가공하면 의미 있는 결과를 얻을 수 있지요. 4장에서는 함수의 기초가 되는 규칙성, 통계의 기본이 되는 자료에 대해 알아보아요.

비 | 비율 | 백분율 | 원주율 | 비례식 | 비례배분 | 규칙 찾기❶ 수의 차이 | 규칙 찾기❷ 수의 비율
규칙 찾기❸ 도형의 배열 | 규칙을 식으로 표현하기 | 평균 | 가능성 | 표 | 그림그래프
막대그래프 | 꺾은선그래프 | 원그래프 | 띠그래프 | 다양하게 바라보는 퀴즈
누구에게 물어보든 같은 대답을 하게 만들기 | 알파벳을 이용한 퀴즈

인간이 가장 아름다움을 느낀다는 1:1.618의 비율을 부르는 말은?

1 황금비

2 다이아몬드비

3 이슬비

4 플랜비

정답 ❶ 황금비는 사람들이 가장 아름답다고 느끼는 비율이에요. 고대 그리스의 파르테논 신전, 프랑스 파리의 개선문, 이집트의 피라미드도 황금비를 이루고 있다고 해요. 생활 속에서 흔히 사용하는 A4 용지, 신용카드 등도 황금비랍니다.

비

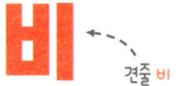

두 수의 크기를 쌍점을 사용해 나타내는 관계

두 수를 비교하는 방법은 크게 두 가지가 있어요. 하나는 뺄셈으로 비교하는 방법이고, 다른 하나는 나눗셈으로 비교하는 방법이에요.

1과 2를 비교할 때 뺄셈으로 비교한다면 2−1=1이므로 '2는 1보다 1만큼 크다.'고 할 수 있어요. 나눗셈으로 비교한다면 2÷1=2이므로 '2는 1의 2배이다.'라고 하거나 1÷2=$\frac{1}{2}$이므로 1은 2의 $\frac{1}{2}$배이다.'라고 할 수 있지요.

두 수의 크기를 나눗셈으로 비교하는 방법 중에서 **쌍점(:)**을 사용하여 나타내는 관계를 **비**라고 해요. 이때 두 수는 기준량과 비교하는 양을 구분하여 '비교하는 양 : 기준량'으로 표기하지요.

예를 들어 1과 2를 비교할 때 2가 기준량이라면 1:2로 나타내고, 1대 2, 1과 2의 비, 1의 2에 대한 비, 2에 대한 1의 비 등으로 읽어요. 비교하는 양이 쌍점을 기준으로 앞에 있기에 전항, 기준량은 뒤에 있기에 후항이라고도 불러요.

비율을 표현하는 형식으로 적절하지 않은 것은?

1 소수

비교하는 양 나누기 기준량이니까 소수로 나타낼 수 있어.

2 분수

기준량을 분모, 비교하는 양을 분자로 하면 분수로 나타낼 수 있어.

3 백분율

기준량을 100이라고 가정한다면 모든 비율은 백분율로 나타낼 수 있어.

4 짝수

두 양을 비교하기 때문에 2의 배수인 짝수로 표현할 수 있어.

정답 ④ 비율은 다양한 형식으로 표현할 수 있어요. 짝수는 자연수 중에서도 2의 배수만을 일컫는 말이에요. 물론 짝수로 표현할 수 있는 비율도 있지만 모든 비율을 짝수로 표현하는 것은 불가능하지요.

비율

일정한 양이나 수에 대한 다른 양이나 수의 비

비율은 기준량에 대한 비교하는 양의 크기, 즉 비교하는 양을 기준량으로 나눈 값을 말해요. 쌍점(:)을 사용하는 비와 달리 비율은 보통 분수나 소수, 백분율의 형태로 나타내요. 비 1:2의 비율은 $\frac{1}{2}$, 즉 0.5로 나타내지요. 비교하는 양과 기준량이 같은 경우 비율은 1이 되고, 비교하는 양이 기준량보다 크면 비율도 1보다 커져요. 반대로 비교하는 양이 기준량보다 적으면 비율은 1보다 작아지고, 비교하는 양이 0이라면 비율도 0이 된답니다.

$$비율 = 비교하는\ 양 \div 기준량 = \frac{비교하는\ 양}{기준량}$$

예를 들어 3학년 3반 학생이 25명인데, 그중 여학생이 10명이라고 할 때, 기준량은 전체 학생 수 25명, 비교하는 양은 여학생 수 10명이므로, 비 10:25를 비율로 나타내면 $\frac{2}{5}$ 또는 0.4가 되지요. 비율에 100을 곱한 백분율로 나타내면 40%랍니다.

비율은 일상생활에서 두루 사용해요. 속력은 시간을 기준량으로, 이동한 거리를 비교하는 양으로 하는 비율이고, 야구 경기에서 타자의 타율은 타석수를 기준량으로, 총 안타의 개수를 비교하는 양으로 하는 비율이에요. 인구밀도, 지도의 축척 등도 모두 비율이 사용된 예랍니다.

신발을 가장 싸게 산 사람은 누구일까?

□□백화점에서 10만 원 하는 신발을 30% 할인한 가격에 샀어.

○○마트에서 9만 원에 팔던 걸 20% 할인한 가격에 샀어.

△△마켓에서 8만 원에 신발을 샀어.

☆☆가게에서 10만 원 하는 신발을 60%의 가격에 샀어.

정답 ❹ 10만 원짜리 신발을 30% 할인해서 샀다면 3만 원을 뺀 7만 원에 산 것이고, 9만 원짜리 신발을 20% 할인해서 샀다면 7만 2000원에 산 거예요. 10만 원짜리 신발을 60% 가격에 샀다면 6만 원에 산 것이지요.

백분율

기준량을 100으로 하여 나타낸 비율

백분율은 전체 수량을 100으로 보았을 때 비교하려는 양의 비율이 어느 정도인지 기호 **%(퍼센트)**를 붙여서 나타내는 방법이에요.

예를 들어 사과 4개가 있는데 그중 1개가 썩은 사과라고 할 때 전체 사과 중 썩은 사과의 비율은 분수 $\frac{1}{4}$ 또는 소수 0.25로 나타내지요.

썩은 사과의 비율 = $\frac{비교하는 양}{기준량}$ = $\frac{1}{4}$ 또는 0.25

비율을 백분율로 나타내는 방법은 간단해요. 분수나 소수로 구한 비율에 100을 곱한 후 기호 %만 붙여 주면 되거든요.

분수를 백분율로 나타내기	소수를 백분율로 나타내기
$\frac{1}{4} \times 100 = 25\%$	$0.25 \times 100 = 25\%$

백분율은 할인율, 득표율, 시청률 등 우리 생활 속에서 많이 사용돼요.

퀴즈 60

자전거 바퀴 둘레를 제대로 측정하지 못한 사람은?

1 바퀴에 실을 감은 후 그 실의 길이를 측정한다.

2 다른 자전거 10대의 바퀴 둘레를 조사해 평균을 구한다.

3 바퀴의 지름 길이를 측정한 후 원주율을 곱한다.

4 바퀴에 물감을 묻혀 한 바퀴 굴려서 자국의 길이를 측정한다.

정답 ❷ 평균의 함정이란 '대부분의 경우가 그러하기에 이번 경우도 그러할 것이다.' 라고 섣불리 추측하는 데서 발생하는 오류예요. 다른 자전거 10대의 평균이 반드시 내가 구하려는 자전거 바퀴의 둘레와 같지 않답니다.

원주율

원의 지름에 대한 원주의 비율. π = 3.14

삼각형이나 사각형처럼 곧은 선분으로 이루어진 다각형의 둘레는 자로 쉽게 측정할 수 있어요. 하지만 굽은 선으로 이루어진 원의 둘레(원주)는 어떻게 측정할까요?

원의 지름을 기준량, 원주를 비교하는 양이라고 할 때, 원주를 원의 지름으로 나눈 비는 항상 일정해요. 원의 크기에 상관없이 원주는 언제나 원의 지름의 약 3.14배랍니다. 이 숫자를 원의 지름에 대한 원주의 비율, 즉 **원주율**이라고 하고, 기호 **π(파이)**로 나타내요. 따라서 원의 지름에 원주율 3.14를 곱하면 원주를 구할 수 있어요.

> 원주율(π)=원주÷원의 지름=약 3.14
> 원주=원의 지름×3.14

예를 들어 원의 지름이 5cm일 때 원의 지름에 원주율을 곱하면 5×3.14=15.7이므로, 원주는 15.7cm랍니다.

식이라는 이름을 붙일 수 있는 것은?

정답 ❹ 식이 되려면 등호(=)를 사용해야 해요. 등호가 없는 1번과 2번은 덧셈, 3번은 곱셈이랍니다.

비례식

비의 값이 같은 두 비를 등식으로 나타낸 식

□:△라는 비는 $\frac{□}{△}$라는 비율로 나타낼 수 있어요. 이때 분모와 분자에 0이 아닌 같은 수를 곱하거나 나누면 분모와 분자의 수는 변하지만 분수의 크기는 변하지 않아요. 이런 성질을 이용하면, 수는 달라도 비율은 같은 비를 여러 개 만들 수 있어요.

예를 들어, 2:3의 전항과 후항에 각각 2를 곱한 4:6, 3을 곱한 6:9, 100을 곱한 200:300은 비율로 나타내면 모두 $\frac{2}{3}$이므로 같은 값이에요. 이처럼 비율이 같은 두 비를 등호(=)를 사용해서 '2:3=4:6'과 같이 나타내는 식을 **비례식**이라고 해요.

2 : 3 = 2 x 2 : 3 x 2 = 4 : 6 = $\frac{4}{6}$ = $\frac{2}{3}$

2 x 3 : 3 x 3 = 6 : 9 = $\frac{6}{9}$ = $\frac{2}{3}$

2 x 100 : 3 x 100 = 200 : 300 = $\frac{200}{300}$ = $\frac{2}{3}$

비례식 2:3=4:6

비례식에서 등호를 기준으로 바깥쪽에 있는 수를 **외항**, 안쪽에 있는 수를 **내항**이라고 해요. 이때 외항의 곱과 내항의 곱은 항상 같답니다.

비례식에서 내항의 곱은 항상 외항의 곱과 같다.

2 : 3 = 4 : 6   3 x 4 = 12
   └ 내항 ┘   2 x 6 = 12
└─── 외항 ───┘

가장 큰돈을 번 경우는?

1 가방 판매 수익금 10억 원을 동업자와 5:5로 나눈 경우

2 영화 제작 수익금 100억 원을 투자자와 9:1로 나눈 경우

3 한 달에 500만 원씩 1년 동안 저축한 경우

4 주식에 1억 원을 투자해서 300%의 수익을 남긴 경우

정답 ❷ 10억 원을 5:5로 나누면 5억 원, 100억 원을 9:1로 나누면 10억 원, 한 달에 500만 원씩 1년 저축하면 6000만 원, 1억 원의 300%는 3배를 의미하므로 3억 원이에요.

비례배분

주어진 수량을 주어진 비에 따라 나누는 일

비례배분은 전체를 주어진 비로 나누는 것을 말해요. 비례배분을 할 때에는 주어진 비의 전항과 후항의 합을 분모로, 각 비를 분자로 만들어 계산하면 쉽답니다.

전체를 ○:△로 비례배분하기

$$전체 \times \frac{○}{○+△} \quad , \quad 전체 \times \frac{△}{○+△}$$

사탕 18개를 철희와 연우에게 2:1로 나누어 주려고 할 때, 각각 몇 개씩 나눠 줘야 할까요?

사탕 18개를 2:1로 나누려면, 먼저 주어진 비의 전항 2와 후항 1의 합을 분모로 하고, 각 비를 분자로 하는 분수를 만들어서 전체에 곱해 주면 끝! 철희에게 12개, 연우에게 6개를 주면 되지요.

수 배열의 규칙에 따라 17 다음에 들어올 수 있는 수는?

5, 8, 11, 14, 17, ···

1 58

맨 앞의 두 수를 보니 내가 들어갈 수밖에 없겠는걸!

2 40

5랑 8을 곱한 수를 넣어야지. 그게 바로 나라고!

3 35

3씩 커지고 있지? 5에서 출발해서 3씩 10번 커지면 바로 내 차례!

4 33

3의 배수가 나와야 하니 딱 나네!

정답 ❸ 시작하는 수는 5이고, 3씩 커지는 배열이에요. 17 다음에는 20, 23, 26, 29, 32, 35, 38, 41, 44, 47,… 등이 이어져요.

규칙 찾기 ❶ 수의 차이

수의 배열에서 규칙을 찾을 때 가장 먼저 생각해야 할 것이 **수의 차이**예요. 다음 문제를 보고 규칙을 찾아 빈칸에 알맞은 수를 구해 보세요.

❶번 정답은 5예요. 앞뒤 수의 차이가 1로 일정하니까요. ❷번은 앞뒤 수의 차이가 2라서 11908이 와야 하고, ❸번은 앞뒤 수의 차이가 1000이니까 14902가 와야 해요. ❹번은 앞뒤 수의 차이가 10씩 작아지고 있기 때문에 293이 와야 해요.

이처럼 수의 배열에서 규칙을 찾을 때는 시작하는 수가 무엇인지, 이웃한 두 수의 차이가 얼마나 변화하는지, 수가 커지는지 작아지는지 생각해야 한답니다.

파란 상자에 담긴 초콜릿은 모두 몇 개일까?

🎁에는 🎁가 4개가 들어 있고,
🎁에는 🎁가 4개가 들어 있고,
🎁에는 초콜릿이 3개씩 들어 있다.

정답 ① 노란 상자의 초콜릿은 3개, 빨간 상자에는 노란 상자가 4개 들어 있으므로 3×4개, 파란 상자에는 빨간 상자가 4개 들어 있으므로 3×4×4개가 돼요. 그러므로 정답은 48개랍니다.

규칙 찾기② 수의 비율

다음과 같은 수 배열이 있어요.

수 배열의 규칙을 찾기 위해 가장 먼저 생각해야 할 것이 이웃한 두 수의 차이예요. 2와 6의 차이는 4, 6과 18의 차이는 12, 18과 54의 차이는 36으로 그 차이가 일정하지 않다는 것을 알 수 있어요. 이 경우, 수의 차이 다음으로 생각해야 할 것이 바로 수의 비율이에요.

$$2 \quad 6 \quad 18 \quad 54 \quad ?$$
$$\frac{6}{2}=3 \quad \frac{18}{6}=3 \quad \frac{54}{18}=3 \quad \frac{?}{54}=3$$

앞의 수를 기준량, 뒤의 수를 비교하는 양으로 해서 비율을 만들면 비율이 일정하다는 것을 발견할 수 있지요. 그러므로 □는 162가 돼요. 이처럼 비율이 일정한 규칙에서는 앞의 수에 해당 비율을 곱해 주면 바로 뒤의 수를 구할 수 있어요.

다섯째에 알맞은 도형에서 파란 삼각형의 수는?

1. 13개
2. 14개
3. 15개
4. 16개

정답 ③ 파란 삼각형의 수는 1, 3, 6, 10개로 변하는데, 이것은 1, 1+2, 1+2+3, 1+2+3+4로 바꾸어 나타낼 수 있어요. 따라서 다섯 번째는 1+2+3+4+5로, 15개의 파란 삼각형이 온답니다.

규칙 찾기 ③ 도형의 배열

도형의 배열에서 작은 삼각형의 전체 개수를 구해 보면, 첫째는 1개, 둘째는 4개, 셋째는 9개, 넷째는 16개예요.

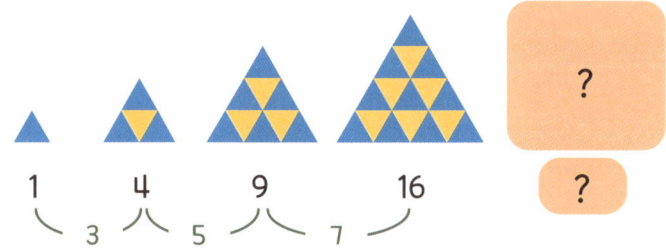

작은 삼각형의 수는 1, 4, 9, 16,…으로 3, 5, 7,… 홀수로 늘어나는 규칙을 찾을 수 있어요. 그러므로 다섯째에는 16+9개, 즉 25개의 작은 삼각형이 생길 것으로 예상할 수 있답니다.

규칙을 찾기 어려운 경우는?

1. 자동차의 수와 자동차 바퀴의 수

2. 키와 노래 실력

3. 내 나이와 아빠의 나이

4. 사람 수와 놀이공원 입장료

정답 ❷ 자동차 1대에는 바퀴가 4개라는 규칙이 있으므로 '자동차 바퀴의 수=자동차의 수×4'로 표현할 수 있어요. 나와 아빠의 나이 차이는 변하지 않는다는 규칙이 있고, 놀이공원 입장료는 한 사람당 정해진 입장료에 사람 수를 곱하면 되지요.

규칙을 식으로 표현하기

두 수 사이에 일정한 규칙이 있는 경우에는 규칙을 식으로 표현할 수 있어요. 상황에 맞게 식을 세우면 복잡해 보이는 문제도 쉽게 해결할 수 있지요.

Quiz! 1 빨간 구슬과 파란 구슬을 합하면 모두 20개예요. 이 중 빨간 구슬이 9개라면 파란 구슬은 몇 개인가요?

규칙① 두 수의 합이 일정한 경우   □+△=○ ⇨ △=○−□, □=○−△

두 수를 합하면 20이므로, □+△=20

이 중 빨간 구슬이 9개이므로, 9+△=20

△=20−9, 파란 구슬의 수인 △가 11이라는 것을 쉽게 알 수 있죠.

Quiz! 2 아빠와 내 나이 차이가 30이고 아빠의 나이는 43세일 때 내 나이는?

규칙② 두 수의 차가 일정한 경우   □−△=○ ⇨ △=□−○, □=○+△

나이 차가 30이므로, □−△=30

아빠 나이가 43세이므로, 43−△=30

△=43−30, 내 나이는 13세예요.

사람의 나이는 1년이 지날 때마다 한 살씩 늘지만, 두 사람의 나이 차이는 일정해요.

Quiz! 3 닭 다리 수가 126개일 때 닭이 몇 마리일까?

규칙③ 두 수의 비율이 일정한 경우   □÷△=○ ⇨ △=□÷○, □=○×△

(마리 수)÷(다리 수)= $1÷2 = \frac{1}{2}$ ⇨ □÷△= $\frac{1}{2}$ ⇨ □÷126= $\frac{1}{2}$

□=126× $\frac{1}{2}$, 닭은 63마리예요.

닭 1마리당 다리 수는 2개. 두 수의 관계는 1:2, 2:4, 3:6 … 항상 $\frac{1}{2}$로 일정해.

평균을 사용하는 경우가 아닌 것은?

1 대한민국 성인의 몸무게 변화를 조사할 때

2 여러 나라의 기온을 비교할 때

3 여러 명이 음식을 먹고 음식 값을 똑같이 나누어 낼 때

4 육상 경기에서 100m 달리기 1등을 가릴 때

정답 ④ 달리기는 가장 먼저 결승선에 들어온 사람이 1등이므로 평균을 구할 필요가 없답니다.

평균

자료 전체의 합을 자료의 개수로 나눈 값

평균은 자료 전체의 합을 자료의 개수로 나눈 값을 말해요. 우리 국민의 연평균 소득, 초등학생의 평균 키, 우리 반 친구들의 평균 수면 시간 등 평균은 다양한 상황에서 사용되지요.

> **평균 = 자료 전체의 합 ÷ 자료의 개수**

예를 들어 볼까요? 반에서 모둠 대항 줄넘기 대회가 열렸어요. 1모둠과 6모둠이 결승에 진출했는데, 1모둠은 4명이, 6모둠은 3명이 한 모둠이에요. 결승전 결과가 아래 표처럼 나왔다면, 어떤 모둠을 우승으로 정해야 할까요?

1모둠의 줄넘기 기록

이름	정민	선정	정옥	지훈	합계
기록(개)	50	100	120	90	360

6모둠의 줄넘기 기록

이름	은서	준호	가람	합계
기록(개)	50	100	120	300

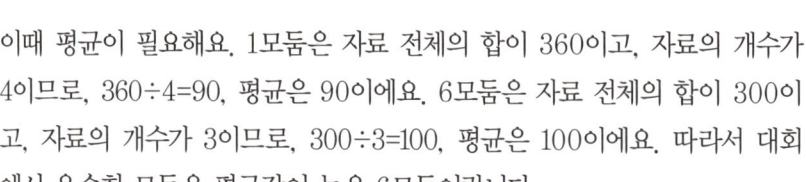

두 집단의 자료 개수가 다를 때 평균을 구해 비교해야 해!

이때 평균이 필요해요. 1모둠은 자료 전체의 합이 360이고, 자료의 개수가 4이므로, 360÷4=90, 평균은 90이에요. 6모둠은 자료 전체의 합이 300이고, 자료의 개수가 3이므로, 300÷3=100, 평균은 100이에요. 따라서 대회에서 우승한 모둠은 평균값이 높은 6모둠이랍니다.

가능성이 가장 높은 경우는?

1 12월 24일 다음 날이 12월 25일인 경우

2 주사위를 던져서 7이 나오는 경우

3 해가 서쪽에서 뜨는 경우

4 로또 1등에 당첨되는 경우

정답 ❶ 주사위는 1에서 6까지 있으므로 7은 절대 나오지 않아요. 지구의 자전 방향이 바뀌지 않는 이상 해가 서쪽에서 뜰 일도 없지요. 로또 1등에 당첨될 수는 있지만 그 가능성이 매우 낮아요.

가능성
앞으로 실현될 수 있는 성질이나 정도

가능성이란 앞으로 어떤 일이 일어날 수 있는 성질이나 정도를 일컫는 말이에요. 어떤 일이 일어날 것이 확실할 때 **가능성이 크다**고 말하고, 일어나지 않을 것 같을 때 **가능성이 작다**고 말해요.

수학에서는 어떤 일이 일어날 가능성이 확실한 경우를 1로, 불가능한 경우를 0으로 표현해요. 가능성의 크고 작음을 1과 0 사이의 수로 표현하는데, 1에 가까울수록 일어날 가능성이 크고, 0에 가까울수록 가능성이 작다고 할 수 있지요.

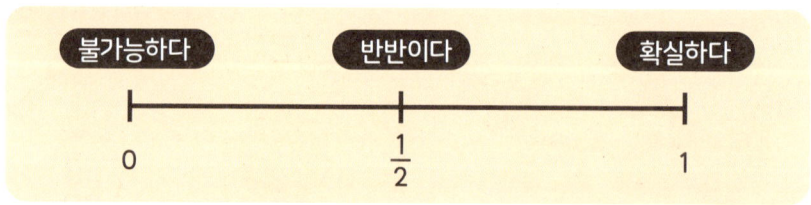

예를 들어, 파란색 공만 10개 들어 있는 상자에서 공을 하나 꺼내면 파란색 공일 가능성은 1, 빨간색 공일 가능성은 0이에요. 파란색 공 5개와 빨간색 공 5개가 들어 있는 상자라면 공을 하나 꺼냈을 때 파란색 공일 가능성은 $\frac{1}{2}$이지요.

표를 보고 잘못 말한 사람은?

< 우리 반 학생들이 좋아하는 과일별 학생 수 >

과일	사과	배	바나나	복숭아	딸기	포도	합계
학생 수(명)	3	2	4	3	5	4	21

1. 우리 반에서 사과를 좋아하는 학생은 3명이야.
"3명이 사과를 좋아해."

2. 여러 과일 중 딸기를 좋아하는 학생이 가장 많아.
"딸기가 제일 인기가 많아."

3. 선생님이 가장 좋아하는 과일은 포도야.
"포도는 선생님이 가장 좋아하셔."

4. 우리 반 학생은 모두 21명이야.
"우리 반 학생은 21명이야."

정답 ❸ 선생님이 좋아하는 과일은 표에 나오지 않는 정보랍니다.

일정한 기준에 따라 보기 쉽게 자료를 정리해서 나타낸 것

표는 한눈에 알아보기 쉽게 자료를 정리해서 나타낸 것을 말해요. 일정한 기준에 따라 보기 쉽게 정리되어 있기 때문에 정보를 한눈에 파악할 수 있지요. 표로 나타낼 때는 먼저 자료의 내용에 알맞은 제목을 정하고, 항목의 수에 맞게 칸을 나누어야 해요. 그리고 내용에 맞게 칸을 채운 후 합계를 확인하면 된답니다.

예를 들어 볼까요? 어린이날을 맞이하여 학교에서 체육대회를 했어요. 줄넘기, 달리기, 줄다리기, 피구 총 4개 종목의 경기가 열렸는데, 체육대회가 끝나자 게시판에 결과가 공개되었어요.

> **줄넘기**는 1반이 200점, 2반이 100점, 3반이 50점을 얻었다.
> **달리기**는 3반이 200점, 1반이 100점, 2반이 50점이었고,
> **줄다리기**는 1반이 200점, 3반이 100점, 2반이 50점이었다.
> **피구**는 2반이 200점으로 1위, 3반이 100점, 1반이 50점을 얻었다.

친구들은 결과를 보고도 몇 반이 무엇을 얼마나 잘했는지 알기가 어려웠어요. 그래서 수호는 체육대회 결과를 다음과 같이 나타냈어요. 게시판에 공개한 결과보다 표를 보니 훨씬 쉽게 정보를 파악할 수 있었지요.

체육 대회 경기 결과 최종 점수

구분	줄넘기	달리기	줄다리기	피구	합계
1반	200	100	200	50	550
2반	100	50	50	200	400
3반	50	200	100	100	450

조사한 수를 그림으로 나타낸 그래프는?

초등학교	학생 수
좋은초등학교	☺☺☻☻☻☻☻
선함초등학교	☺☺☻☻☻☻☻☻☻
바른초등학교	☺☺☻☻☻☻

☺ 100명
☻ 10명

1 막대그래프

2 그림그래프

3 아이콘그래프

4 표그래프

정답 ❷ 조사한 수를 그림으로 나타낸 그래프를 그림그래프라고 해요. 그림그래프에는 그림의 크기나 색깔, 모양 등으로 서로 다른 자릿수를 표현할 수 있어요.

그림그래프

조사한 수를 간단한 그림으로 나타낸 그래프

조사한 자료를 표로 정리하면 정보를 한눈에 쉽게 알 수 있어요. 하지만 각 항목의 수량이 커지면 항목의 수량이 적을 때보다 정보를 파악하는 데 시간이 걸려요. 이런 경우에는 각 항목의 수량을 그림으로 나타내면 항목의 크기를 훨씬 쉽게 비교할 수 있지요.

여러 자료를 분석하여 변화를 한눈에 비교할 수 있게 점, 직선, 곡선, 막대, 그림 등을 사용하여 나타낸 것을 그래프라고 하는데, 여러 항목의 수량을 그림으로 나타낸 그래프를 **그림그래프**라고 해요. 그림그래프는 각 항목의 수량을 정확하게 파악하기는 불편하지만, 각 항목의 크기를 쉽게 비교할 수 있답니다.

우리 학교 6학년 학생들이 좋아하는 과일별 학생 수

과일	학생 수
사과	◎◎◎○○○○○○
배	◎◎○○○○○
바나나	◎◎◎◎○○○○○
복숭아	◎◎◎○○○
딸기	◎◎◎◎◎○
포도	◎◎◎◎○○○○○

◎ 10명
○ 1명

표를 보면 헷갈렸는데...

그림그래프는 많고 적음을 한눈에 알 수 있네.

막대그래프로 나타내기에 적합한 것은?

1 내가 좋아하는 과일 10가지

2 우리나라의 연령대별 인구

3 우리 반 생활 약속

4 우리 지역 맛집 위치

정답 ❷ 우리나라의 연령대별 인구를 막대그래프로 나타내면 어느 연령대의 인구가 많고 적은지 한눈에 파악할 수 있어요. 내가 좋아하는 과일과 우리 반 생활 약속은 순서대로 글로 나타내면 되고, 우리 지역 맛집의 위치는 지도에 표시하면 좋아요.

막대그래프

조사한 수를 막대 모양으로 나타낸 그래프

조사한 자료를 막대 모양으로 나타낸 그래프를 **막대그래프**라고 해요. 막대의 길이만으로 각 항목의 수량을 쉽게 비교할 수 있어요. 특히 시간에 따른 항목 값의 변화를 살펴볼 수도 있지요.

월별 자동차 판매량

월	1월	2월	3월	4월	5월
판매량	100	100	150	240	257

위의 월별 자동차 판매량 표를 막대그래프로 나타내면 다음과 같아요.

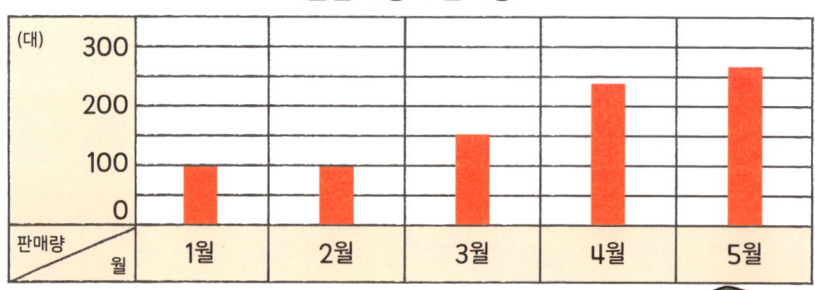

3월과 4월 사이에 갑자기 늘었어요!

이대로라면 6월엔 300대 정도 팔리겠어.

막대의 길이만으로도 크기를 쉽게 비교할 수 있을 뿐 아니라 시간의 변화에 따른 수량의 변화를 살펴볼 수 있다는 장점 때문에 막대그래프는 널리 사용되고 있답니다.

72 퀴즈

난이도 ★★☆

한 달간 하루 최고 기온의 **변화**를 나타내기에 가장 적합한 **그래프**는?

1 그림그래프

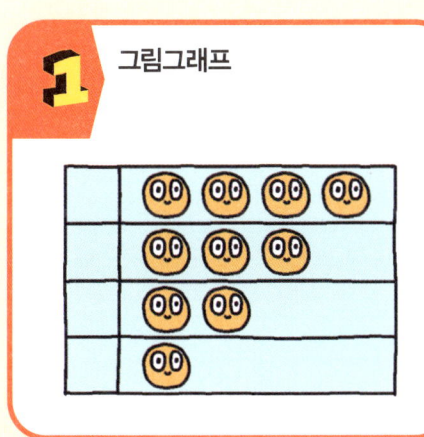

2 막대그래프

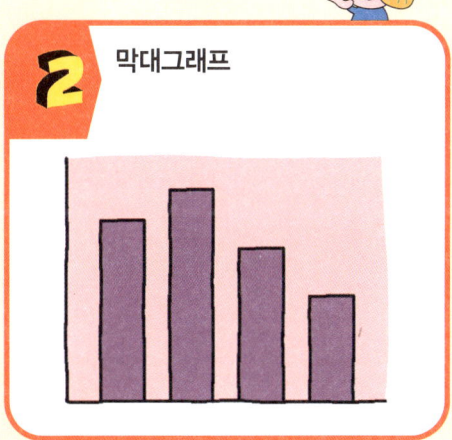

3 꺾은선그래프

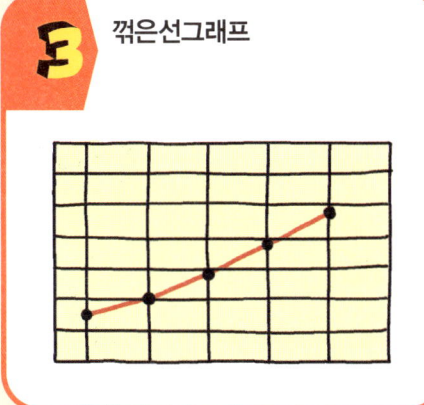

4 원그래프

정답 ❸ 기온 20℃와 21℃ 사이에 20.5℃가 있는 것처럼 항목의 수량에 사잇값이 무한히 존재하고 시간의 흐름에 따른 변화를 표현하는 경우에 꺾은선그래프를 주로 사용한답니다.

꺾은선그래프

각 수량을 점으로 표시하고 그 점들을 선분으로 이어 그린 그래프

각 항목의 값을 점으로 표시하고 그 점들을 선분으로 이어서 나타낸 그래프를 **꺾은선그래프**라고 해요. 시간의 흐름에 따른 변화를 나타내는 경우에 주로 사용하는데, 특히 기온 변화 등을 나타낼 때 적합해요.

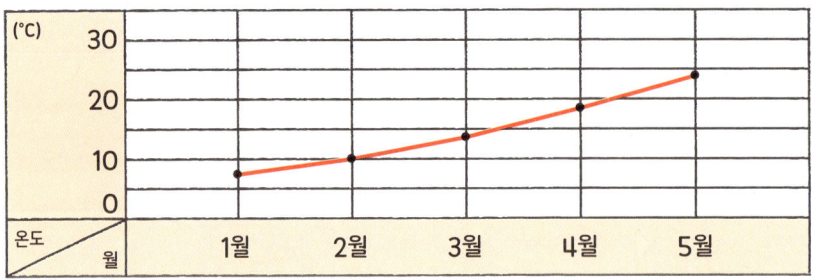

꺾은선그래프와 막대그래프의 공통점은 제목이 들어간다는 점과 가로축에는 항목의 이름, 세로축에는 항목의 수량이 주로 표시된다는 점이에요.

차이점은 뭘까요? 막대그래프는 항목의 이름과 막대를 세로 구분선 사이에 표시하지만, 꺾은선그래프는 항목의 이름과 점을 세로 구분선에 맞춰서 표시하여 선분으로 잇는답니다.

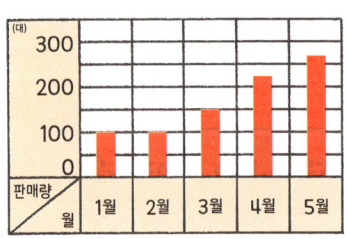

막대그래프로 나타낸 월별 자동차 판매량

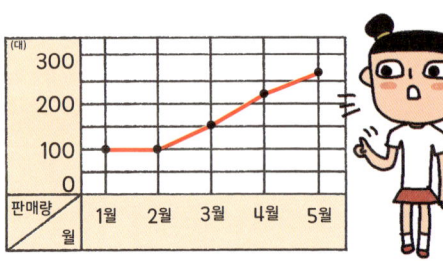

꺾은선그래프로 나타낸 월별 자동차 판매량

73 퀴즈 난이도 ★★☆
수학 기초개념잡기

원그래프로 나타내면 가장 효과적인 자료는?

1 세계 주요 도시별 연간 관광객 수

2 지역별 3월 평균 미세먼지 농도

3월은 유독 미세먼지 수치가 높아.

3 우리 학교 6학년 학생들이 선호하는 수학여행 장소

4 우리나라 6학년 학생들의 연도별 평균 키

적어서 제출하세요.

요즘 아이들 평균 키가...

정답 ❸ 1번은 막대그래프, 2번은 그림그래프, 4번은 꺾은선그래프로 나타내면 효과적이에요. 3번과 같이 전체에 대한 특정 항목이 차지하는 비율을 나타낼 때는 주로 원그래프를 사용해요.

원그래프

전체에 대한 각 부분의 비율을 원 모양으로 나타낸 그래프

학생들이 체험 학습 장소로 선호하는 장소, 국민이 대통령 선거에서 가장 많이 지지하는 후보자, 식당에서 지난 1년간 가장 많이 팔린 메뉴 등 각 항목의 크기가 전체에서 얼마를 차지하는지 알아야 할 때는 수량보다 비율에 초점을 맞추는 비율그래프를 사용해야 해요. 항목의 수량보다 특정 항목이 전체에서 차지하는 비율이 더욱 중요한 경우니까요.

비율그래프 중에서 **원그래프**는 전체에 대한 각 항목의 비율을 원에 나타낸 그래프예요. 원그래프를 그리려면 먼저 항목별 백분율을 구해야 해요. 항목별 백분율은 각 수량을 전체 학생 수로 나눈 다음 100을 곱하면 되지요.

우리 학교 6학년 학생들이 선호하는 수학여행 장소

장소	서울	경주	제주도	강릉	통영	합계
학생 수(명)	40	10	50	20	80	200
백분율(%)	20	5	25	10	40	100

그런 다음 각 항목이 차지하는 크기만큼 원을 선분으로 나누고, 각 항목의 이름과 백분율을 표시해요. 마지막으로 제목까지 써 주면 비율에 따른 우선순위를 한눈에 알 수 있는 원그래프가 완성된답니다.

음~ 이번 수학여행은 통영이군!

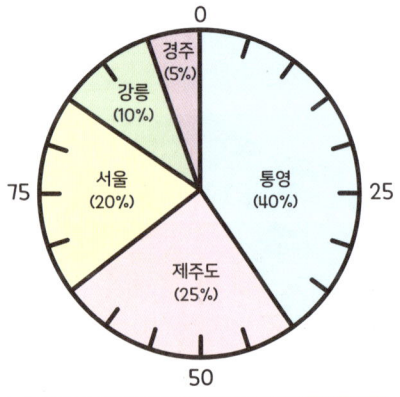
우리 학교 6학년 학생들이 선호하는 수학여행 장소

74 퀴즈
난이도 ★★☆

도서관 대출 도서의 **종류별 비율**을 알고 싶을 때 가장 효과적인 **그래프**는?

1 그림그래프

2 막대그래프

3 꺾은선그래프

4 띠그래프

정답 ❹ 도서관에서 빌린 책을 기준으로 어떤 종류의 책을 얼마나 빌렸는지 파악하려면 비율그래프인 원그래프나 띠그래프가 효과적이랍니다.

띠그래프

전체에 대한 각 부분의 비율을 띠 모양으로 나타낸 그래프

띠그래프는 원그래프와 마찬가지로 비율을 나타내기에 효과적인 비율그래프예요. 원그래프가 전체에 대한 각 항목의 비율을 원 모양에 나타낸다면, 띠그래프는 띠 모양에 나타내는 것이 다를 뿐이에요.

우리 반 아이들이 한 달 동안 빌린 책 종류

| 과학 (40%) | 역사 (25%) | 문학 (15%) | 예술 (10%) | 기타 (10%) |

두 그래프는 모양이 다른 것 외에 별 차이가 없어 보이지만 실제로 쓰일 때는 조금 차이가 나요. 원그래프는 띠그래프에 비해 비율의 크고 작음을 보다 쉽게 파악할 수 있다는 장점이 있기 때문에 단독으로 많이 사용해요. 띠그래프는 같은 주제의 그래프를 여러 개 동시에 사용해서 지역별 차이나 시기별 변화를 한눈에 쉽게 파악할 수 있다는 아주 큰 장점이 있답니다.

우리 반 아이들이 좋아하는 음식 종류

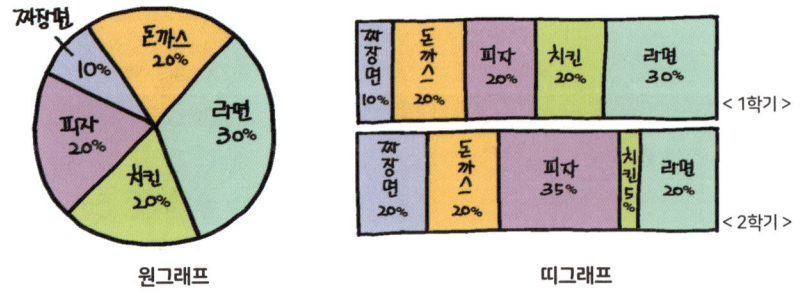

75 퀴즈 난이도 ★★☆

수학 기초 개념 잡기

빈칸에 들어갈 모양은?

| ㅜ | ㅛ | ㅁ | 品 | ㎜ | ? |

저 물음표에 올 도형이 뭐냐는 거지?

힌트는 '대칭'이야!

1 ㄴ

2 굠

3 ㅂㅂ

4 ㅠ

정답 ❸ 아무런 관계가 없어 보여도 조금만 자세히 살펴보면 재미있는 비밀을 발견할 수 있어요. 가위로 가운데를 싹둑 잘라 볼까요? 한글의 자음 'ㅂ' 모양이 올 차례랍니다.

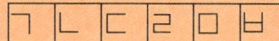

다양하게 바라보는 퀴즈

거울에 비친 모양의 원리로 여러 가지 재미있는 퀴즈를 만들 수 있어요. 거울의 원리를 모르고 본다면 이어지는 모양을 찾기가 어려울 수도 있지만, 거울의 원리를 적용하면 쉽게 찾을 수 있어요.

Quiz! 1

오른쪽 반을 가리고 남은 부분만 보면 디지털시계에 표시되는 인도-아라비아 숫자라는 것을 쉽게 알 수 있어요. 그러므로 정답은 5 다음 숫자인 6이 거울에 비친 모양이 되지요.

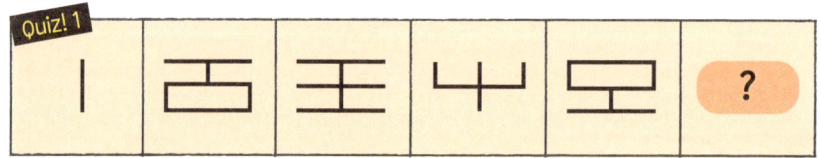

Quiz! 2

| ? | 16 | 06 | 68 | 88 |

문제의 물음표에는 어떤 숫자가 와야 할까요? 이 문제를 해결하기 위해서는 책을 거꾸로 돌려 보면 알 수 있어요. 정답은 92가 되지요. 이처럼 문자나 숫자를 보는 방법을 달리하면 재미있는 퀴즈를 많이 만들 수 있답니다.

보물 마을에 가려면 어떤 질문을 해야 할까?

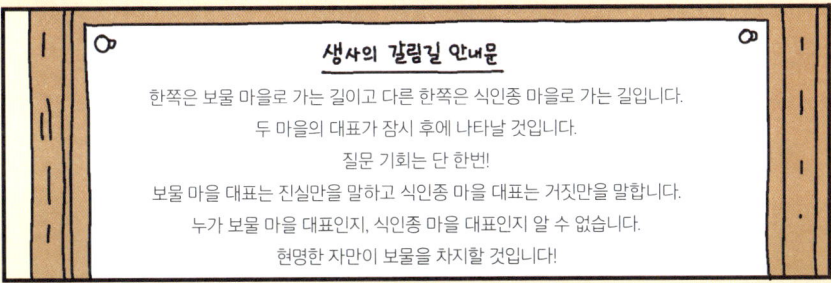

생사의 갈림길 안내문

한쪽은 보물 마을로 가는 길이고 다른 한쪽은 식인종 마을로 가는 길입니다.
두 마을의 대표가 잠시 후에 나타날 것입니다.
질문 기회는 단 한번!
보물 마을 대표는 진실만을 말하고 식인종 마을 대표는 거짓만을 말합니다.
누가 보물 마을 대표인지, 식인종 마을 대표인지 알 수 없습니다.
현명한 자만이 보물을 차지할 것입니다!

정답 : 당신은 어느 마을에서 왔나요?

누구에게 물어보든 **같은 대답**을 하게 만들기

갈림길에서 보물 마을로 가려면 어떤 질문을 던져야 할까요?
만약 "어느 쪽이 보물 마을입니까?"라고 묻는다면, 보물 마을 대표는 진실만을 말하니 보물 마을을 가리킬 것이고, 식인종 마을 대표는 거짓만을 말하니 식인종 마을을 가리킬 거예요. 반대로 "어느 쪽이 식인종 마을입니까?"라고 묻는다면, 보물 마을 대표는 식인종 마을을, 식인종 마을 대표는 보물 마을을 알려 줄 거예요. 이처럼 둘 다 서로 다른 대답을 한다면 보물 마을로 갈 수 없어요.

이럴 때는 누구에게 묻더라도 같은 대답을 하게 만드는 질문이 필요해요. "당신은 어느 마을에서 왔나요?"라고 물어볼까요? 보물 마을 대표는 보물 마을을 알려 줄 테고, 식인종 마을 대표는 보물 마을을 알려 줄 거예요. 따라서 누구에게 물어보든 같은 대답을 하기 때문에 보물 마을 대표를 따라가든, 식인종 마을 대표를 따라가든 원하는 보물 마을로 갈 수 있답니다.

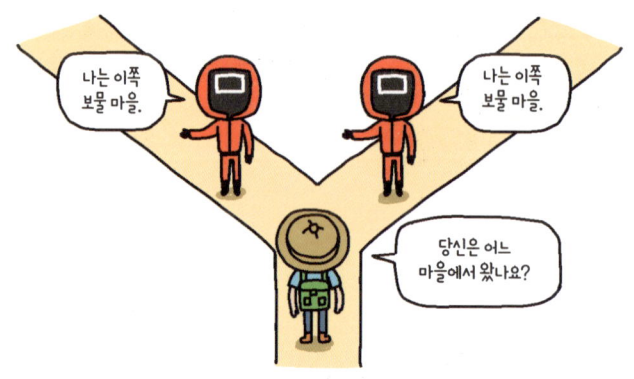

빈칸에 들어갈 수는?

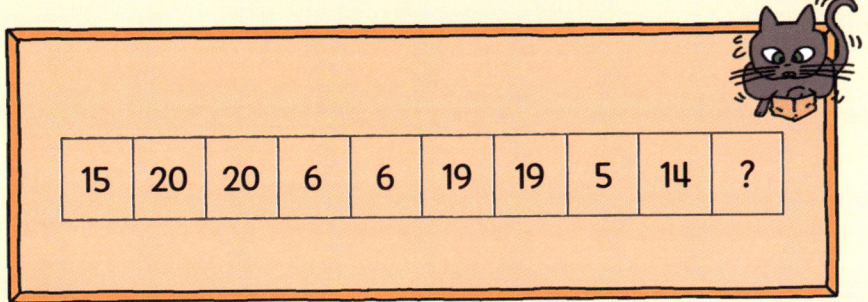

15 20 20 6 6 19 19 5 14 ?

1. 5

2. 14
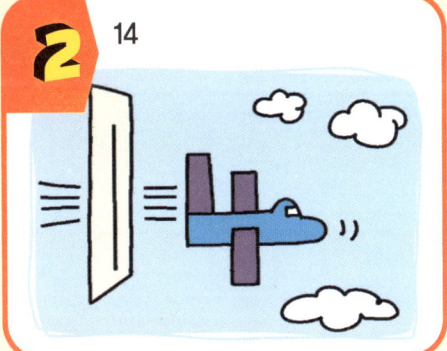

3. 20

4. 6

정답 ❸ 알파벳을 활용해 순서를 숫자로 바꾸면 빈칸에 맞는 답을 찾을 수 있는 문제랍니다.

알파벳을 이용한 퀴즈

알파벳에는 순서가 있어요. 알파벳의 순서를 표로 나타내면 다음과 같아요.

A	B	C	D	E	F	G	H	I	J	K	L	M
1	2	3	4	5	6	7	8	9	10	11	12	13
N	O	P	Q	R	S	T	U	V	W	X	Y	Z
14	15	16	17	18	19	20	21	22	23	24	25	26

77 문제에 등장한 수를 알파벳으로 바꾸어보면 다음과 같아요.

O	T	T	F	F	S	S	E	N	…

즉 One, Two, Three, Four, Five, Six, Seven, Eight, Nine, …. 1부터 9까지 수의 영어 머리글자예요! 9 다음은 10이고 10은 영어로 Ten이니까 T에 해당하는 20이 정답이랍니다.

# 4장 마무리 교과서 개념이 쏙 담긴
여러 가지 그래프

각 항목의 많고 적음을 나타내려면?

그림그래프

우리 학년 아이들이 좋아하는 과일별 학생 수

과일	학생 수
사과	☺☺☺☺☺☺☺☺☺
배	☺☺☺☺☺
바나나	☺☺☺☺☺☺☺
딸기	☺☺☺☺☺☺☺
복숭아	☺☺☺

 10명 ☺ 1명

막대그래프

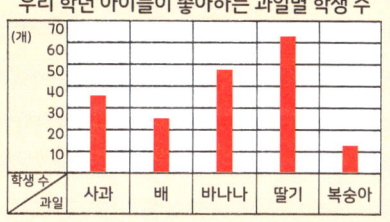

우리 학년 아이들이 좋아하는 과일별 학생 수

전체에서 항목이 차지하는 비율을 나타내려면?

원그래프

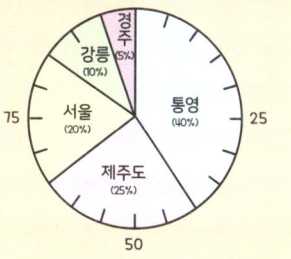

우리 반 학생들이 선호하는 수학여행 장소

띠그래프

우리 반 학생들이 선호하는 수학여행 장소

우선순위를 한눈에 알 수 있구나!

연속적인 변화를 나타내려면?

변화하는 모양을 뚜렷하게 알 수 있구나!

꺾은선그래프

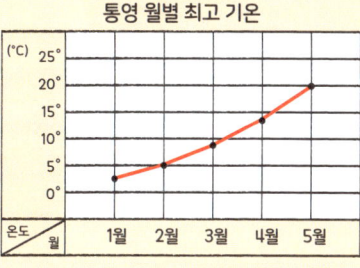

통영 월별 최고 기온

그래프마다 특징이 다르구나.

마무리 활동 정답

# 찾아보기

▶ 굵은 글씨는 본문에서 주제로 다루는 개념입니다.

ㄱ

- **가능성** ······················· 154
- 가분수 ·························· 22
- 각 ······················· 54, 56, 58, 60, 64
  66, 68, 70, 72, 74
  76, 82, 84, 88, 92
- **각기둥** ························ 102
- **각도** ··························· 58
- **각뿔** ··························· 102
- **겨냥도** ························ 98
- **곱셈** ························ 30, 34
- **공배수** ························ 42
- **공약수** ······················ 38, 46
- **구** ····························· 106
- **규칙** ············· 144, 146, 148, 150
- **그림그래프** ···················· 158
- **근삿값** ···················· 126, 128
- 기수 ···························· 16
- 기약분수 ······················· 46
- **길이의 단위** ···················· 114
- **꺾은선그래프** ··················· 162
- **꼭짓점** ············· 54, 56, 64, 74
  96, 100, 102, 104

ㄴ

- 나누는 수 ······················ 32
- 나누어지는 수 ·················· 32
- **나눗셈** ···················· 32, 34, 132
- 나머지 ······················ 32, 36
- 내항 ··························· 140
- **넓이의 단위** ···················· 116

ㄷ

- **다각형** ···················· 54, 84, 102
- 대분수 ·························· 22
- **대응각** ···················· 88, 92, 94
- **대응변** ···················· 88, 92, 94
- **대응점** ···················· 88, 92, 94
- **대칭** ···························· 90
- 대칭축 ···························· 92
- **덧셈** ······················· 28, 30, 34
- **도형의 배열** ···················· 148
- 둔각 ························· 56, 72
- **둔각삼각형** ···················· 64, 72
- **들이의 단위** ···················· 120
- **띠그래프** ······················ 166

ㄹ

- 로마자 ··························· 14

ㅁ

- **마름모** ······················ 74, 82
- **막대그래프** ·················· 160, 162
- 면 ··························· 96, 100
- 모서리 ···················· 96, 98, 102
- 모선 ······························ 104
- 몫 ··························· 32, 128
- **무게의 단위** ···················· 122
- **미만** ······················ 124, 126
- 미터법 ··························· 114

176

ㅂ

반올림	126, 128
반지름	86, 106
반직선	52, 56, 58
배수	40, 42, 44
백분율	134, 136, 164
버림	126, 128
변	54, 56, 58, 64, 68, 70
	74, 76, 78, 80, 82, 84
부피의 단위	118
분모	22, 24, 46, 48, 140
분수	22, 24, 46, 48, 134, 136
분자	22, 24, 46, 48, 140
비	132, 134, 140, 142
비례배분	142
비례식	140
비율	134, 136, 140
	146, 164, 166
빗변	66
뺄셈	28, 34

ㅅ

사각형	74, 76, 78, 80, 82, 100
사다리꼴	74, 78
삼각형	64, 66, 68, 70
	72, 80, 100, 102
서수	16
선대칭도형	92
선분	52, 54, 64, 74
	84, 86, 92, 94, 96, 162
소수	20, 24, 136
수	14, 16, 20, 22, 26
	32, 36, 38, 40, 42, 124
수선	60
수의 비율	146
수의 차이	144
수직	60
숫자	14, 18
시각	110
시간	110, 112
시간의 단위	112

ㅇ

약분	46
약수	36, 38, 44
양수	26
어림	128
0	18
예각	56, 72
예각삼각형	64, 72
올림	126, 128
외항	140

원		86, 104, 106, 138, 164
원그래프		164, 166
원기둥		104
원뿔		104
원의 중심		86, 106
원주		86, 138
원주율		86, 138
음수		26
이등변삼각형		64, 66, 68, 70
이름수		16
이상		124
이하		124
인도–아라비아 숫자		14, 18

ㅈ		
	자연수	16, 20, 36, 40
	전개도	98
	전항	132, 140, 142
	점대칭도형	94
	정다각형	84, 100
	정다면체	100
	정사각형	74, 76, 96
	정삼각형	64, 70, 72
	정육면체	96, 98
	지름	86, 138
	직각	56, 58, 60, 66, 76
	직각삼각형	64, 66, 68
	직사각형	74, 76, 96, 102
	직선	52, 60, 62
	직육면체	96, 98
	진분수	22

ㅊ		
	초과	124
	최대공배수	42
	최대공약수	38
	최소공배수	42, 48
	최소공약수	38

ㅌ		
	탤리 마크	14
	통분	48

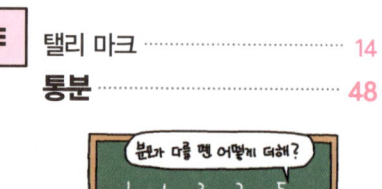

ㅍ	파이(π)	86, 138
	평각	58
	평균	**152**
	평행	**62**, 74, 78, 80
		82, 102, 104
	평행사변형	74, 78, **80**, 82
	평행선	62
	표	**156**
	피타고라스의 정리	66

ㅎ	**합동**	**88**, 100, 102, 104
	혼합 계산	34
	후항	132, 140, 142

초등학교 선생님이 뽑은 **교과서 개념 77가지**를 퀴즈로 즐겨 보자!

우리는 모두 다각형이라네~

정삼각형 정사각형 정오각형 정십각형

179

 **작가 소개**

글쓴이 **정왕근**

통영이 너무 좋아서 통영에 살고 있는 초등학교 선생님이에요.
음악이 너무 좋아서 밴드 '어쿠스틱 로망'에서 활동하며
작사, 작곡, 노래를 하고 있어요.
여행이 너무 좋아서 가족과 함께 지구별을 여행하며
유튜브 채널 '뽀삐트립'을 운영하고 있어요.
퀴즈가 너무 좋아서 어릴 때부터 '멘사 퀴즈'를 찾아서 풀다가
결국 '멘사' 회원이 되었어요.
수학이 너무너무 좋아서 『풀고 싶은 퀴즈 알고 싶은 수학』을 썼어요.
이 책을 통해 우리 친구들이 수학에 재미를 느낄 수 있으면 좋겠어요.

그린이 **김도현**

출판사 미술부에서 그림을 그리다가, 지금은 프리랜서로 일하고 있어요.
동물들과 교감하는 걸 좋아하고 신비하고 비밀이 많은 우주를 좋아해요.
교과서에 세밀화 그림을 많이 그렸고, 그림책, 동화책, 만화책 등
다양한 작품 활동을 하고 있답니다.